Rosa Argentina Rivas Lacayo

Saber perdonar

Paz y libertad

URANO

Argentina - Chile - Colombia - España
Estados Unidos - México - Perú - Uruguay - Venezuela

1.ª edición Junio 2012

Copyright © 2012 by Rosa Argentina Rivas Lacayo
All Rights Reserved
© 2012 *by* Ediciones Urano, S. A.
Aribau, 142, pral. – 08036 Barcelona
www.edicionesurano.com
www.mundourano.com

ISBN: 978-84-7953-823-1
Depósito legal: B-14.891-2012

Fotocomposición: Montserrat Gómez Lao
Impreso por: Rodesa, S.A. – Polígono Industrial San Miguel
Parcelas E7-E8 – 31132 Villatuerta (Navarra)

Impreso en España - *Printed in Spain*

Índice

Dedicatoria

A mi madre, maestra permanente de perdón. A Bill y Jessica que se han convertido en mis verdaderos hermanos, por su apoyo y cariño.

A quienes he ofendido en el camino, pidiendo y agradeciendo su perdón; a quienes me han lastimado desde lo más superfluo hasta lo más profundo, asegurándoles que les he perdonado.

A mis entrañables amigos de la comunidad judía, agradeciendo su ejemplo de perdón ante la inmisericorde y poco cristiana persecución que hemos hecho de ellos a través de los siglos.

Al buen Dios que siempre nos perdona y renueva su alianza.

Agradecimientos

«Sólo un corazón agradecido aprende.»

ANGÉLICA OLVERA

Era yo tan pequeña y no tenía conciencia de todo lo que significaba, pero entre las palabras de mi madre siempre estaban *«debemos perdonar»*. Hoy, que me doy cuenta del enorme aprendizaje y sabiduría que hay detrás de ellas, agradezco desde mi corazón todo lo aprendido a través del dolor del arrepentimiento y de las heridas que me han sido infringidas, así como la bondadosa huella que mi madre dejó en mi alma.

Sería muy extenso enumerar a todos aquellos a quienes agradezco su *ser* presentes en este libro, pero de manera especial quiero reconocer a los que muy de cerca me han acompañado en este proyecto.

Gracias a todas aquellas personas que han sido mis pacientes y que tanto me han enseñado a través de su experiencia; a quienes han participado en mis talleres de «Saber perdonar» por su generosa confianza y a todos los autores de cuyo conocimiento e investigación me he nutrido y cuya bibliografía cito al final de estas páginas.

Al doctor Juan Lafarga S.J. y doctor en Psicología, por su valioso prólogo, que honra con sus palabras la presentación de este libro.

Al doctor Gerard Guasch, médico psiquiatra, por su invaluable contribución, así como al rabino Abraham Palti por sus apreciables comentarios, que honran este libro.

Mi gratitud eterna para mi guía y maestro, doctor Rafael Checa O.C.D., cuyo ejemplo de vida fue inspiración y lección de virtudes.

Gracias a mis entrañables amigos: Juan Okie, por su saber estar siempre presente; Puri Jiménez, por su motivador entusiasmo, y Federico Villegas, por su lectura de mis primeros textos y valiosos comentarios.

Mi especial agradecimiento a Martha Briseño que conllevó horas enteras de dictado, cuando más necesité el trabajo de una asistente.

De manera especial mi gratitud para mi editora Larisa Curiel, cuya paciencia para esperar la entrega de los manuscritos fue infinita.

A Paloma González, cuyo trabajo como correctora de estilo excedió sus funciones, dándome un apoyo incondicional, la más sentida de mis gratitudes.

Gracias a quienes me han perdonado a lo largo de mi vida, ayudándome a corregir el rumbo y, en especial, a quienes tanto me lastimaron en el camino ayudándome a crecer y poniendo a prueba en la práctica lo que predico.

Este libro lo terminé de escribir en medio de una de las más dolorosas tormentas de mi vida, inmersa en una gran experiencia de traición a la confianza y deslealtad. Por ello la más grande de mis gratitudes al buen Dios, a quien todos los días le agradezco el don de la vida, por haberme dado la gracia de la fortaleza para perdonar y seguir adelante.

ROSA ARGENTINA RIVAS LACAYO

Prólogo

Este libro es una introducción completa a la experiencia del perdón, tiene la solidez conceptual y la palabra fluida.

Elabora sobre la experiencia desde todos los ángulos: fisiológico, psicológico y espiritual con la transparencia de un manantial fresco del que todos pueden beber.

Ante todo, pone en claro que el proceso de liberación se da en el que perdona y no en quien es objeto del perdón, para que el que perdona se libere del resentimiento, del coraje, de la tristeza y, lo más importante, de la culpabilidad, pues es necesario que no espere cambios en el ofensor y camine a solas hacia su libertad.

Perdonar es el proceso de reconstruir la paz en el silencio interior, así como de recuperar la capacidad de volver a confiar en la vida y en los demás, de reencuentro con la relación o de dejarla ir sin rencores, con la esperanza en el propio futuro.

En este proceso de liberación interior, para sanar las heridas, es necesario vivir en el presente, no en el pasado ni en el futuro.

Caminar hacia la liberación es quitar al ofensor, de una vez por todas, el poder para hacer daño, es dejarle la responsabilidad para trabajar su propia experiencia sin que su proceso pueda tener algún impacto destructor para el que perdona. Es mantenerse abierto al diálogo, en caso de que sean posibles la reconciliación o un nuevo encuentro.

Perdonar es prescindir de la exigencia natural a la venganza a favor, cuando esto es posible, de la comprensión empática o al menos de la independencia de las reacciones del ofensor. Se entiende por «comprensión empática» la capacidad de ponerse en los zapatos o bajo la piel del otro, con el objeto de entender la realidad desde su propia óptica. Esto muchas veces no es posible, en cambio mantener la independencia frente a la conducta y los sentimientos del ofensor puede ser una opción menos difícil.

Así como la venganza deja sentimientos de culpa y produce nueva violencia, perdonar empáticamente genera salud, bienestar y crecimiento.

Empatizar y perdonar no pueden ser entendidos como negación o distorsión de los hechos o los sentimientos; los hechos son irreversibles y los sentimientos son la respuesta del organismo frente a una realidad satisfactoria o adversa.

Con frecuencia el ser humano vive experiencias de dolor, injusticia y angustia tan amplias y profundas que perdonar resulta, en cierta forma, imposible. Por ende, la paciencia con uno mismo es indispensable para llegar en el momento oportuno a optar por la vida, por el bienestar y la salud a pesar del dolor y la injusticia.

Empatizar no es justificar la conducta del ofensor, es únicamente un esfuerzo por revivir su experiencia en el mundo del facilitador. Justificar puede ser tan nocivo como condenar sin empatía y sin comprensión.

Tomar la postura del hombre magnánimo que proclama su capacidad de perdonar al injusto, al opresor, al tirano o al criminal, no es perdonar, sino soberbia disfrazada de una calidad moral inexistente.

Perdonar no necesariamente implica reconciliación, ni siquiera su búsqueda. Sin embargo, si la reconciliación puede darse a través del diálogo es ganancia, pero no obligatoria para obtener la paz y muchas veces, por razones diversas, resulta imposible. Dejar ir al ofensor sin rencores ni amarguras y abrirse a la vida en el presente, aunque el pasado nunca se olvide, puede ser una opción posible siempre saludable.

La muchas veces llamada «culpa sana», referida al reconocimiento humilde de las propias deficiencias, errores y pérdidas, se llama en castellano «responsabilidad». La culpa es la actitud descalificante y violenta contra uno mismo sin esperanza de recuperar una paz que se considera inmerecida.

El proceso de perdonar es sólo una parte del proceso de liberación interior, la cual consiste en optar por el camino de la libertad de las dependencias, de los condicionamientos autodestructivos y los deseos de venganza, escondidos bajo la capa de justicia. Está en ir renunciando al ejercicio del poder y del dinero en búsqueda del poder personal, es decir, el poder de la inteligencia, la bondad y del amor incondicional.

Este amor sin condiciones llevó a Rosa Argentina a escribir estas reflexiones sobre el perdón y a diseñar los ejercicios prácticos que tienen por objetivo descubrir los sentimientos y significados propios, producto de la lectura y comprensión del texto. Aparte contienen un alto valor pedagógico.

En efecto, el proceso de liberación interior es mucho más que perdonar. Ante todo supone perdonarse a sí mismo. Probablemente lo más difícil de todo es liberarse de las dependencias y apegos para llegar a conocer la experiencia plena de la libertad en el amor. Todos estos elementos son inseparables para alcanzar, al mismo tiempo, la genuina liberación interior y la expansión de la conciencia.

Así, antes de experimentar realmente el perdón a los demás, es necesario romper las cadenas de la propia culpabilidad aprendida en las relaciones interpersonales con quienes nos pusieron metas inalcanzables e ideales lejanos para la condición humana. Perdonar no es una premisa en el proceso, es una consecuencia de la propia liberación.

Los vínculos de culpabilidad que nos atan a la ansiedad y a la angustia son, en el fondo, producto de la soberbia y de la frivolidad.

El proceso de liberación interior empieza por el reconocimiento humilde de los propios errores, de los engaños a nosotros mismos y de la dependencia de la aprobación exterior. El segundo paso es la ruptura con los condicionamientos a la dependencia aprendidos que sólo puede lograrse al establecer, poco a poco, hábitos de aprecio, de admiración y de amor a uno mismo, no como sería bueno que fuera, sino como realmente soy.

Perdonarme y perdonar a los demás son manifestaciones de libertad emocional, únicamente inteligible y posibles desde una perspectiva espiritual hecha de comprensión, compasión y amor, como fue la de Jesús.

Tratar de separar el perdón de los demás elementos en el proceso de la propia liberación interior, sería como intentar la construcción de una casa empezando por colocar los ladrillos de la azotea. Si no me libero de la soberbia, de la frivolidad, del engaño y del orgullo, que son los eslabones de la cadena de mi propia culpabilidad, difícilmente podré aspirar al genuino perdón de las ofensas de los demás.

Desde esta dimensión espiritual, perdonar es un acto creativo, sólo accesible a los que conocen las profundidades del amor sin limitaciones ni fronteras, como Teresa de Ávila y Juan de la Cruz.

Sólo el que ama es capaz de perdonar. Sólo el que se ama a sí mismo con autenticidad es capaz de alcanzar la liberación. Y sólo el que ha alcanzado la propia liberación interior es capaz de construir vida desde la muerte.

JUAN LAFARGA
Doctor en Psicología
Sacerdote Jesuita

Prefacio

«El perdón es la fragancia que derrama la violeta
en el talón que la aplastó.»

MARK TWAIN

¿Cuántas veces, cuántos labios no habrán murmurado: *«Perdóname»*? ¿Cuántas veces, cuántos corazones, dirigiéndose hacia lo divino, no habrán suplicado, en esta forma o en otra muy parecida: *«Perdona nuestras ofensas, como también nosotros perdonamos a los que nos ofenden»?*

¿Será que perdonar y ser perdonado es tan importante?

¡Sí que lo es! El perdón es un don...

«Borrón y cuenta nueva» decimos coloquialmente y es, en realidad, lo que nos ofrece el perdón, borrar una ofensa, una falta, un error y borrarlo por completo.

La palabra perdón viene del latín *«per»* que significa «por encima de», «por completo» y *«donare»*: «dar», «regalar», «remitir» y, por lo tanto, significa: conceder voluntaria y gratuitamente, remitir completamente.

El perdón es una condonación, lo opuesto de una condena. Es el cese de una falta, de una ofensa, de un error. Después de él ya no habrá rencor, resentimiento, reclamo, demanda, castigo ni venganza.

Si optamos por ya no tener en cuenta la ofensa en el futuro, borramos el pizarrón y podemos escribir una historia nueva, reanudar una relación o seguir caminando separados. Perdonar es desatar nudos; con el perdón otorgamos y ganamos libertad, sanamos heridas. Al otorgar el perdón nos hacemos un regalo de paz a nosotros mismos.

Si el perdón es un don, perdonar es un arte y es de este arte que nos habla aquí la doctora Rosa Argentina Rivas Lacayo, introductora del Método de Dinámica Mental Silva en México y en varios países de Centroamérica, experta en desarrollo humano, la doctora Rivas, «Rosita» como le decimos de cariño, es una conferencista de rango internacional y conductora de radio apreciada por miles de personas a través del mundo. También es una magnífica motivadora y quien ha seguido sus cursos o sus seminarios no olvida la forma directa y sensible que tiene de llegarle a cada uno.

Rosa Argentina, mujer de gran cultura y amplio criterio, es para mí una amiga entrañable con la cual comparto numerosos centros de interés en la vida, en especial todo lo relacionado con el avance de las neurociencias, los beneficios de la relajación y la meditación, el desarrollo espiritual. Para los que no la conocen me gustaría hablarles de ella, decirles que ella misma practica en su vida personal lo que enseña en público, pero creo que conviene centrarnos en lo que nos trae este nuevo libro suyo.

Esta obra es el resultado de muchos años de reflexiones y trabajo. Es un libro nutrido por una rica y larga experiencia, compartida y enriquecida a través de numerosas charlas y seminarios. Un libro que nos invita a reflexionar y más que nada a practicar, ya que la práctica es un entrenamiento y todo puede hacerse más fácil.

Recordándonos desde un principio que todas las grandes filosofías, sabidurías y religiones del mundo siempre nos han invitado a practicar el perdón, la doctora Rivas nos explica por qué hoy en día la psicología moderna se interesa más y más en los factores de bienestar y crecimiento personal, da una importancia renovada al hecho de perdonar y nos muestra los grandes beneficios que nos puede traer.

Decir esto, es reconocer las principales facetas del complejo cristal que conforma la personalidad de cada uno de nosotros. Es reconocer también la necesidad que todos tenemos de mantener un equilibrio entre esos componentes de nuestro ser. Equilibrio que se ve favorecido por el perdón, ya que como nos recuerda la autora: «*Perdonar nos ayuda a canalizar nuestras emociones para tener una buena capacidad de discernimiento para no desperdiciar la energía de nuestro corazón*». Un equilibrio que la doctora Rivas nos invita a cultivar, dándonos pautas, ejemplos y medios prácticos para alcanzar la comprensión, la compasión, la tolerancia y, a veces, la reconciliación.

Perdonar no es olvidar, es poder recordar sin amargura, sin sufrir el dolor de una herida abierta. Perdonar no es poner un vendaje sobre una llaga infectada, es sanar la llaga, a veces con un corte quirúrgico, para favorecer una total cicatrización. Esto supone desarrollar valor para enfrentar nuestros miedos y nuestras emociones más revueltas: odio, rabia, entre otras.

Perdonar y ser perdonados es una necesidad para que siga fluyendo libremente el curso de la vida, para dejar ir.

«*Todos tenemos a alguien a quien perdonar, todos buscamos algo que nos libere de los efectos corrosivos del odio*», nos dice la autora, recalcando que también «... *muchos de nosotros sabemos que hemos lastimado a alguien y buscamos una manera de sentirnos más íntegros para poder vivir con nosotros mismos*».

Frente a tales realidades, si no queremos quedar atrapados en el conflicto, el dolor, la pena, rumiar sin fin el pasado, cultivar la negatividad y seguir sufriendo, congelados entre amargura y resentimiento, ¿qué nos conviene hacer?

«Acrecentar nuestra capacidad de saber perdonar», nos contesta la doctora Rivas y, tomándonos de la mano, nos invita a desarrollar paso a paso esta capacidad a través de siete capítulos. Capítulos ricos en sugerencias fáciles de aplicar, cada uno acompañado por una reflexión guiada que nos ayuda a aclarar nuestros pensamientos, actitudes y sentimientos, y por un ejercicio de relajación/ visualización para anclar profundamente los pasos que vamos dando.

Con el fin de ayudarnos a tomar las decisiones apropiadas para lograr el cambio de actitud necesario para poder perdonar, primero nos aclara lo que es el perdón y nos propone detenernos cuidadosamente en sus diversos aspectos: decisión, actitud, proceso y hasta forma de vida.

En un segundo capítulo, apoyándose en las investigaciones clínicas y científicas más recientes, nos explica cómo saber perdonar alivia el estrés emocional. También nos demuestra cómo aporta beneficios a nuestra salud física y psíquica, participando de nuestro bienestar en la vida.

El perdón es un poderoso factor de armonía, sin embargo perdonar no siempre resulta así de fácil.

El capítulo tres nos ayuda a entender el porqué, en ocasiones, no llegamos a perdonar y, de paso, a aclarar falsas creencias sobre lo que es y no es el verdadero perdón.

Lo que viene a profundizar el cuarto capítulo, al hacer énfasis en el sentimiento de culpabilidad. Aprendiendo a distinguirlo claramente de lo que es la culpa verdadera y a pedir perdón, sin omitir perdonarnos a nosotros mismos, que es una clave maestra para una vida libre de culpabilidades. Este capítulo nos indica caminos para lograr una mayor libertad interior.

No se podría llevar bien y de manera completa el proceso de perdonar sin tomar en cuenta sus dimensiones emocionales y espirituales, que vienen a ser el tema de los capítulos cinco y seis. Capítulos que nos hablan de nuestros sentimientos y del asombroso poder transformador del amor para invitarnos a abrir no sólo nuestras mentes, sino también nuestros corazones.

Y, en fin, para los que quieren explorar los caminos de la reconciliación, el séptimo capítulo nos abre a un posible futuro.

O sea, que aquí tenemos un estudio completo y profundo del tema, escrito en tono directo y didáctico, lo que hace de él un verdadero manual práctico del perdón.

Esta nueva obra viene en complemento de una anterior, *Saber crecer*, en la cual la doctora Rivas nos habla de la resiliencia, esta asombrosa capacidad que tiene el ser humano de resistir y recuperarse ante las adversidades, a veces, sumamente crueles, de la vida. Capacidad que se nutre del saber perdonar. Esta nueva obra nos lleva a entender, una vez más, lo importante que es asumir una auténtica responsabilidad hacia uno mismo y los demás.

La enorme fe que tiene la doctora Rivas en las posibilidades de crecimiento y superación que todos tenemos, tanto en el plan psicológico como espiritual, es contagiosa. *«Lo importante es recordar que, a cualquier edad y bajo nuestra propia voluntad y libertad de elegir, podemos cambiar de actitud y modificar cualquier tipo de conducta»*, dice ella y agrega: *«Para perdonar no necesitamos un cerebro brillante que todo lo entienda, sino un gran corazón que comprenda y un alma virtuosa que esté siempre orientada hacia el amor».*

Le agradecemos el inmenso trabajo que ha hecho para aplanar y facilitarnos el camino en un sendero no siempre fácil de transitar.

Este es un viaje que nos llevará *de la cabeza al corazón*. Entonces, ¿andamos?...

GÉRARD GUASCH
Médico Psiquiatra de la Universidad de París

Introducción

Perdón o amargura: todos tenemos a alguien a quien perdonar

«Un hombre sabio procurará siempre perdonar, porque sabe lo que es el valor de la vida y no permitirá que ésta pase con un dolor que es totalmente innecesario.»

SAMUEL JOHNSON

Entró en mi oficina, tenía un rostro bello y sonriente, una tez blanca sonrosada, un par de trenzas gruesas de color plata que brillaban como una magnífica luna en la oscuridad de la noche; era una campesina de Michoacán que vivía en un pueblo que colindaba con los Altos de Jalisco. Había llegado a visitarme por un problema de salud, sus hijos la habían traído para que yo la atendiera, padecía cáncer en el estómago, ella no lo sabía y me habían pedido que no se le dijera. Su cara angelical me trajo añoranzas de haber conocido mejor a mis propias abuelas.

Desde hacía varios años yo había iniciado mi trabajo con pacientes de cáncer y había descubierto a lo largo del tiempo cómo, en la mayoría de ellos, consciente o inconscientemente, yacían resentimientos o rencores añejos. También, y sin saberlo, desde entonces había iniciado, por intuición, la práctica de lo que hoy se llama «terapia del perdón».

Sin embargo, al ver la cara de esta hermosa mujer de más de 72 años, me resultaba poco fácil pensar que tuviera rencores en su alma. Sus hijos la traían desde su pueblo cada semana para que conversáramos. Me contó de sus andanzas en el campo y del profundo amor que sentía por sus hijos. Yo sabía que había enviudado hacía más de 15 años, y por haber transcurrido tanto tiempo nunca imaginé que todavía pesara en ella algún resentimiento.

Conforme avanzaron las semanas me convencí a mí misma de que esta maravillosa mujer era la excepción a la regla, seguramente en ella no había rencor; estábamos a punto de concluir la terapia y en una de las últimas conversaciones le pregunté por su esposo: cómo era, cómo habían vivido, cómo había sido su vida con él y me respondió con una sonrisa:

—¡Ay! Rosita, Él era, pues, como son todos los hombres, usted ya sabe.

Yo le respondí:

—¡Bueno! Tal vez no todos son tan iguales, pero cuénteme, ¿cómo era el suyo?

Volvió a contestar lo mismo:

—Pues usted ya sabe, como son todos los hombres.

Insistí.

—Cuénteme por favor, ¿cómo era el suyo?

Entonces me dijo que era un hombre trabajador, que siempre había proveído para ella y sus hijos, pero que una o dos veces a la semana se iba con los amigos a la cantina del pueblo, que bebía más de la cuenta y regresaba a la casa totalmente borracho y cuando eso sucedía se enfurecía en contra de sus propios hijos, todos ellos muy pequeños. Parecía que le impacientaba sobremanera que los niños anduvieran todavía deambulando por la casa y así fue como empezó a golpearlos.

Entonces le pregunté:

—¿Y usted qué hacía? ¿No intervino al ver la violencia que su marido ejercía sobre sus propios hijos?

Ella con tristeza me miró y me dijo:

—¡Por supuesto Rosita, claro que intervine! Las primeras veces traté de meterme de por medio, pero de un fuerte bofetón me aventaba uno o dos metros contra la pared y se enfurecía aún más contra los niños, así que con el tiempo dejé de hacerlo para que su furia no llegara a tal extremo.

—¿Y por cuánto tiempo perduró esta situación? —pregunté.

—Por mucho tiempo, los niños crecieron, ya no eran de cuatro o cinco años, ya tenían diez y once, sin embargo él seguía haciendo lo mismo.

—Cuando era testigo de esta situación ¿qué sentía?

—¡Horrible, horrible Rosita!, pero ni modo, me la aguantaba, me la fui tragando día a día.

—Pero ¿qué hacía usted —insistí— en el momento mismo de la violencia?

—Pues tragarme la rabia, tan sólo tragármela, no me quedaba otro remedio.

Me detuve y le pedí que repitiera lo que recién me había dicho.

—Pues tragármela, tragármela, no tenía otro remedio.

Después de que ella repitió la frase en dos o tres ocasiones se le abrieron aquellos ojos azules, tan claros como el cielo, y con gran sorpresa, como quien descubre algo verdaderamente importante, me dijo:

—¡Ah caray!, pues será por haber tragado tanto dolor que tengo este mal de estómago.

A partir de aquel descubrimiento comencé a trabajar con aquellos recuerdos y con aquel resentimiento que había quedado soterrado por el tiempo, pero que en su interior seguía siendo una experiencia dolorosa.

Relato esta historia porque me ayudó a reafirmar cómo detrás de muchos de nuestros problemas de salud subyace, efectivamente, el resentimiento o la culpabilidad.

Este libro es el resultado de muchos años de trabajo, de la experiencia acumulada desde 1979 cuando empecé la terapia con pacientes de cáncer a través de la cual se fue mostrando cómo el rencor y el resentimiento nos destruyen hasta llegar, prácticamente, a matarnos. Desde aquel entonces tomé la decisión de compartir las alternativas del perdón.

Por mi propio convencimiento de lo importante que es esta virtud para la vida, fue que con los años llegué a desarrollar talleres del perdón, los cuales he compartido con miles de personas a lo largo de más de quince años.

¿Qué respuesta podemos dar cuando una ofensa nos duele y perjudica? Cuando descubrimos que nuestra pareja nos ha mentido o engañado; cuando un amigo nos humilla con bromas pesadas que lastiman áreas sensibles en nosotros; cuando un ebrio irresponsable perjudica a un ser querido para el resto de la vida.

Ante situaciones como estas la única alternativa que tenemos para no quedar atrapados en el dolor es acrecentar nuestra capacidad de saber perdonar. Todos tenemos a alguien a quien perdonar, todos buscamos algo que nos libere de los efectos corrosivos del odio, todos deseamos evitar las injusticias, tener una voz que sea escuchada.

Por otra parte, muchos de nosotros sabemos que hemos lastimado a alguien y buscamos una manera de sentirnos más íntegros para poder vivir con nosotros mismos.

Ya sea que estemos atrapados por el arpón del rencor y la culpabilidad o que transitemos por ahora con una visión abierta hacia el futuro y sin grilletes que nos hayan paralizado en el pasado, este libro ha llegado a ti en el momento oportuno. Saber perdonar es lo único que nos libera del anzuelo que nos sigue arrastrando por las aguas turbulentas del pasado y es también lo único que nos preparará para siempre nadar libres en el océano de la vida y sus posibilidades. El perdón nos reta a ser honestos, maduros y a fortalecer nuestro carácter, lo que nos permitirá la libertad de vivir con plenitud.

Las expresiones sinceras de perdón y de arrepentimiento siempre tendrán un efecto positivo en nuestras relaciones y calidad de vida. Cuando nos comportamos de una forma comprometida, arrepentidos sinceramente por el daño que hemos causado o perdonando a otros cuando hemos sido lastimados, impedimos que se genere una espiral cada vez más decadente y dolorosa, por lo tanto, nos acercamos a un ciclo mucho más positivo, edificante y liberador.

Para llegar a comprender cómo se pueden mantener relaciones de calidad a lo largo del tiempo es indispensable entender cómo deben manejarse las experiencias negativas, algunas de la cuales son totalmente inevitables y otras son creadas o perpetuadas por nosotros mismos.

Desde tiempos inmemoriales y en todas las culturas, hemos podido reconocer la importancia que tiene para nuestra calidad de vida perdonar y ser perdonados.

Todos los credos nos hablan de la gran necesidad que tenemos de ejercitar el perdón pero, independientemente de nuestras creencias religiosas, la psicología en la actualidad también apunta a esta necesidad y a los enormes beneficios que se pueden obtener de su práctica.*

Detrás de nuestras heridas siempre coexiste con el dolor la rabia, y ésta, en muchas ocasiones, llega a ser la causa de nuestros problemas de ansiedad y depresión.

La Organización Mundial de la Salud ha definido a la salud misma como «*el resultado del equilibrio entre lo biológico, lo psicológico y lo social*». Esto significa que para considerarnos verdaderamente saludables, no sólo nuestro cuerpo, en todas sus funciones debe estar sano, sino también nuestras emociones y pensamientos, así como nuestras relaciones con los demás.

La depresión y la ansiedad están hoy dentro de las diez primeras causas de incapacidad y muerte, lo cual nos demuestra, de manera objetiva, la urgente necesidad de prevenirnos contra este tipo de trastornos.

Por otra parte, la psicología no ignora el poderoso impacto que los valores espirituales tienen sobre nuestro manejo de problemas psicoemocionales; es por ello que en la medicina actual se considera a la espiritualidad como un recurso que toda persona debe tener para prevenir problemas, poder conllevarlos o potenciar su curación.**

Como cito en mi libro *Saber pensar*,*** y por la cantidad de evidencia clínica que actualmente existe, hoy puedo afirmar que la sa-

---

* McCullough, Michael E., Pargament, Kenneth I., Thorensen, Carl E., *Forgiveness; Theory, Research, and Practice*, The Guilford Press, New York, 2000.
** Benson, Herbert, *Timeless healing: The power and biology of belief*, Simon & Schuster, London, 1996.
*** Rivas Lacayo, Rosa Argentina, *Saber pensar: Dinámica mental y calidad de vida*, Ediciones Urano, México, 2008.

lud es el resultado del equilibrio entre lo biológico, lo psicológico, lo social y lo espiritual. Después de todo, el ser humano es una unidad que se conforma de cuerpo-mente-espíritu.

Hace varias décadas los doctores Parker y St. John de la Universidad de Redlands* llegaron a la conclusión de que los más grandes enemigos de la salud no son tanto los virus y las bacterias, cuanto lo son: el miedo; el odio/rencor; la culpa y los sentimientos de inferioridad. Sin lugar a dudas, todos podemos reconocer que detrás de cada uno de estos grandes enemigos está el estrés que producen, razón por la cual son sentimientos que pueden llegar a destruir nuestra salud.

A la pregunta que hoy nos hacemos del ¿por qué de tanto caos y crisis de todo tipo? Sabemos que la respuesta es la triste y terrible pérdida de valores que deben ser principios rectores de nuestra conducta. A la pregunta de ¿por qué tanta violencia en nuestras sociedades? La respuesta es: nuestra incapacidad para perdonar.

Como hoy nos dice la psicología: una inagotable fuente de violencia es el fenómeno de la transferencia. Un niño sin amor y sometido a malos tratos transfiere a otros, cuando llega a mayor, el rencor y el deseo de venganza que no ejecutó contra sus padres; tratará a las personas con quienes se relacione de la manera en que cree deberían haber sido tratados sus progenitores. Muchos de los males en los adultos son un pago retrasado de viejas deudas, una interminable ronda de un juego fuera de lugar. A veces nuestras maldades son una reacción angustiosa contra insoportables heridas que no hemos sanado.

---

* Parker y St. John, *La oración en la psicoterapia*, Editorial Pax, México, 1973

Hoy sabemos que saber perdonar es una condición necesaria para nuestro desarrollo psíquico. Sólo cuando somos capaces de perdonar a los que nos han hecho sufrir, podemos derretir el hielo de odios congelados y evitar que quienes ahora nos rodean sean golpeados por la dureza de nuestro corazón.

Quien haya escrito: «*Amar es nunca tener que pedir perdón*» o era un tonto/ingenuo o vivió solo toda su vida. Lo que nos hayan hecho puede ser terrible, inclusive imperdonable, pero siempre hemos de perdonar a quien lo hizo.

No te pido que perdones a quienes te lastimaron pensando que lo que hicieron fue aceptable, estoy segura que no lo fue. Sólo te pido que perdones porque tu agresor no merece vivir más en tu cabeza, ni mucho menos que, por lo que hizo, te conviertas en una persona llena de amargura. La meta es que ese alguien quede emocionalmente fuera de tu vida, en la misma medida en que ya lo está físicamente. No perdonar significa elegir el sufrimiento.

Saber perdonar es una de las habilidades/valores más importantes para nuestra calidad de vida. Quienes no pueden perdonarse a sí mismos ni a las injusticias de la vida tienden a repetir esos mismos patrones con otras personas y nunca podrán sentir paz o alcanzar la felicidad, ya que seguramente han perdido la capacidad de disfrutar el presente pues se quedaron atrapados en el pasado.

El grillete oculto que nos mantiene en la rabia reprimida y en el ciclo de la violencia es nuestra propia incapacidad para aceptar la vida como es o como ha sido. Todos hemos sido lastimados y seguramente no merecíamos esas heridas que parecen haber quedado indelebles en nuestra memoria, pero la realidad es que a pesar de las mejores intenciones que tengamos, todos cometemos actos de injusticia y lastimamos a las personas de nuestro entorno.

Todos sabemos que la traición constituye un dolor profundo

que puede proceder no sólo de que alguien cercano y querido nos vuelva la espalda y nos perjudique, sino también de que nuestra pareja, un familiar o un buen amigo permita que otros nos dañen y no tenga la capacidad de defendernos o tomar distancia de la persona que nos hirió, bajo la excusa de que no tiene porqué meterse.

Hoy por hoy, vivimos en un mundo donde parece que ya nadie está dispuesto a dar la cara por nadie, ni siquiera a tratar de intervenir para favorecer el diálogo entre dos personas que se han distanciado; parece que nos hemos vuelto incapaces de expresarle a alguien que nos duele que se haya perjudicado o herido a quien nosotros estimamos de manera cercana como pareja, familiar o amigo.

Cada vez que vivimos violencia, ingratitud, abuso o inclusive indiferencia nos podemos sentir disminuidos como personas por la agresión física o psicoemocional que estas situaciones conllevan, lo que nos confrontará, una y otra vez, con diferentes crisis de perdón. Lo mismo sucede con las humillaciones o los desaires de la persona que viviendo contigo nunca tiene tiempo para escucharte, o del amigo que nunca te llama aun cuando sabe que has tenido problemas o te sientes decaído.

Cuando alguien nos ha lastimado siempre tendremos que elegir uno de dos caminos: el que nos lleva hacia el perdón o el que nos lleva a la amargura. El primero, nos dará libertad y capacidad de renovarnos; el segundo, nos asegurará un corazón endurecido que puede quedar muerto de por vida.

El perdón es indispensable para vivir con plenitud, así como el oxígeno lo es para nuestra respiración. Si no tenemos la capacidad de perdonar nos asfixiaremos, por ello debemos elegir entre ahogarnos o perdonar; entre dejarnos consumir por la inacabable espiral de las venganzas o de vivir con plenitud a través de la creación de oasis de perdón.

El odio pasivo nos quita la voluntad de poder desearle el bien a alguien, el agresivo nos conduce a generar hostilidad y dañar al otro. En cualquiera de los dos casos el odio es una violencia que vivimos en nuestro interior y que nos va separando de las personas hasta aislarnos por completo, dejándonos solos con nuestra amargura.

Tristemente suelen ser las experiencias adversas en nuestra vida las que más escriben en nuestro corazón y son esas «noches oscuras» las que tienden a condicionar nuestras creencias respecto a lo que es el mundo y la manera en que esperamos ser tratados. Pero toda experiencia de adversidad y dolor puede también convertirse en una experiencia de crecimiento que abra nuestro corazón a una mayor comprensión y a la liberación que significa perdonar.

Ser persona es esencialmente ser y existir en relación, teniendo la capacidad de apertura a los demás. Edith Stein nos apuntó en su obra *Ser finito y ser eterno**, que para llegar a ser plenamente personas debemos comprender que: «*vida personal es salir de sí*», lo que significa darle a otros espacios de comprensión y empatía, indispensable para perdonar, lo que nos puede llevar a una vida de realización y plenitud.

El perdón ha sido motivado durante miles de años por todas las religiones del mundo y siempre, tanto dentro de las tradiciones religiosas como filosóficas, se nos ha reiterado que perdonar nos procura una incontable cantidad de beneficios, tanto a nivel emocional como a nivel espiritual. Examinar lo que se comprende como perdonar puede ayudarnos a tener una mayor claridad respecto a lo que el perdón puede significar.

---

* Stein, Edith, *Obras completas, III, Escritos filosóficos, Etapa de pensamiento cristiano*, Editorial Monte Carmelo, 2005.

Dentro de la tradición hebrea, considerada como la más antigua dentro de las religiones monoteístas, las palabras para el perdón, dentro de los textos clásicos del judaísmo, son *Mehillah* y *Selihah*. A pesar de que ambas se pueden utilizar de manera intercambiable tanto en el hebreo clásico como en el moderno, en forma estricta *Mehillah* significa borrar o eliminar una transgresión, es decir perdonar; y *Selihah*, especialmente en su uso bíblico, denota reconciliación.

En el cristianismo las palabras más utilizadas para el perdón en el nuevo testamento son *Eleao*, que significa mostrar misericordia y también *Athiemi*, que significa dejar ir, descargar, alejar. Cristo mismo, desde la cruz, al decir: «*Padre, perdónalos, porque no saben lo que hacen*» nos da la muestra de la compasión y empatía que son indispensables para perdonar y para distanciarse de cualquier rencor.

En el Corán islámico el concepto del perdón se expresa en tres diferentes términos: *Afw, Safhu* y *Ghafara*. *Afw* significa disculpar de una falta o una ofensa, *Safhu* significa alejarse de un pecado o de un acto erróneo, ignorarlo; *Ghafara* o *Maghfira* significan cubrir, remitir, perdonar.

En la tradición budista las palabras *Sama-Venava* y *Anukampa*, así como *Dakvenava, Kasmava* y *Dayava* se aproximan a la traducción de lo que es perdonar y el proceso mismo del perdón; también se pueden llegar a traducir como tolerancia. La noción budista de tolerancia incluye renunciar a la ira o al resentimiento hacia aquellas personas que nos pueden haber ofendido por una acción cometida en contra de nosotros, y se comprende como algo que incluye la capacidad de sobreponerse al resentimiento. *Anukampa* y *Sama-Venava* también pueden ser traducidas como compasión o lástima.

Para el hinduismo las palabras *Ksama* o *Kasamata* son las más comúnmente usadas para perdonar y ambas combinan los conceptos de la misericordia y de la compasión.

En última instancia para las religiones teístas (que creen en un sólo Dios) la base del perdón es que Dios mismo perdona y que nosotros debemos imitarlo perdonando también. Pero, independientemente de las creencias religiosas, la realidad de la vida nos muestra, una y otra vez, que el perdón es indispensable para permitir el flujo de la vida misma.

Odiar a alguien por sus acciones equivale a crear las condiciones para vivir en la experiencia del odio, atrapados por el pasado, sin confianza en el futuro. Por lo tanto, siempre está en el interés de nosotros mismos sobreponernos a los resentimientos dejando atrás las transgresiones, mostrando misericordia, declarando amnistías, viviendo en la compasión y la tolerancia.

Desde una perspectiva profunda, uno de los aspectos más importantes que nos ayuda a tener en cuenta el perdón, es considerar la percepción que cada uno de nosotros podemos tener respecto al daño que hemos sufrido y cómo, a través del tiempo y de nuestra memoria, hemos ido bordando sobre la experiencia original haciéndola, inclusive, mucho mayor o más grave de lo que originalmente fue.

Sin el perdón los conflictos pueden ir escalando y, por ende, las relaciones se deterioran cada vez más hasta resquebrajarse por completo. Para poder sanar, en base a una reconciliación, o para poder construir nuevas relaciones, el perdón es la única respuesta que puede hacerlo posible.

Perdonar involucra nuestros procesos cognitivos con los cuales decidimos cambiar nuestra forma de pensar respecto a lo que nos ha sucedido. También debe darse por la vía afectiva, renunciando a la rabia para, asertivamente, exponer nuestros sentimientos y, sin lugar a dudas, a través de nuestra conducta dejando de exigir venganza para exigir una verdadera liberación para nosotros mismos.

Saber perdonar es una capacidad que, invariablemente, mencionan todas aquellas personas que sienten haber sido exitosas en sus relaciones de pareja, familiares, de amistad o laborales. Es una habilidad que, por intuición, siempre parece ser muy importante para podernos recobrar del impacto de una herida profunda; es por ello que en la actualidad la psicología misma contempla los enormes beneficios que se pueden obtener a través del proceso del perdón.*

En la actualidad existen diversos estudios que han documentado plenamente la asociación que existe entre las relaciones sanas, en especial entre las parejas, y la capacidad de perdonar.**

En ocasiones la expresión del perdón y del arrepentimiento puede ser tanto implícita como explícita pero, independientemente de sus formas, el perdón siempre será necesario para poder superar momentos desafortunados y heridas que, en verdad, han causado mucho dolor.

El perdón o arrepentimiento implícito no conlleva manifestaciones exteriores y, como explicaremos más adelante en el capítulo 3, no exige conversaciones o aclaraciones para reestablecer la relación entre las personas involucradas o continuar nuestro camino liberados del pasado.

Por otra parte, el perdón o arrepentimiento explícito siempre habrá de requerir un cierto nivel de confrontación y, por supuesto, de expresiones de diálogo, tanto de perdón como de arrepentimien-

---

* Enright, Robert D., Fitzgibbons, Richard P., *Helping clients forgive*, American Psychological Association, Washington D.C, 2000, 2.ª edición.
** Ibid.

to, ya sea para reconciliarnos o para despedirnos con serenidad y equilibrio.

Quizá perdonar ha sido para todos una experiencia que ha ocupado nuestro tiempo en algún momento de la vida. Ni siquiera podemos imaginar vivir sin haber padecido algún dolor por haber sido tratados injustamente. Tal vez ya hemos superado la agonía inicial del dolor y la rabia y hemos llegado al punto en el que nos damos cuenta que perdonar sería lo mejor. Sin embargo, a la vez, puede ser que sintamos que tenemos el derecho absoluto a estar enojados y el justificado deseo de castigar a la persona que nos lastimó.

Cuando sufrimos una ofensa, por instinto procuramos el balance, tratamos de vengarnos de nuestro ofensor porque sentimos que nos puede ayudar a restaurar el equilibrio de la justicia. Pero existe un problema: *el tú me haces y yo te la devuelvo,* no funciona a largo plazo. «Devolverla» no elimina la injusticia que hemos padecido y puede, fácilmente, llevar al otro a buscar venganza también, iniciándose así un ciclo que sólo alimentará nuestros peores sentimientos y que nos puede llevar al caos total.

Saber perdonar mejora nuestra salud física y emocional, y nos da libertad para no permanecer atados a quien nos ofendió, brindándonos la posibilidad de permitir que el amor vuelva a fluir en nuestra vida. El perdón también es el antídoto para la destructividad que se puede perpetuar con la venganza.

Decidir no perdonar significa que permaneceremos bajo el control de la conducta y las actitudes de la persona que nos lastimó. Esto es especialmente verdad si has quedado atrapado en la distorsionada creencia de que no puedes perdonarla hasta que te pida perdón o te restituya el daño. Esta creencia equivale a encerrarte, tú mismo, en una prisión, entregándole la llave a tu ofensor, ya que tus sentimientos y comportamiento dependerán de lo que él elija.

Perdonar nos ayuda a canalizar nuestras emociones para tener una buena capacidad de discernimiento, para no desperdiciar la energía de nuestro corazón, el cual está atrapado en la rabia y en el dolor, sobre todo por aquellas situaciones que ya no se pueden cambiar y sobre las cuales no podemos ejercer ningún control.

El pasado ya pasó, nunca podremos cambiarlo, está totalmente fuera de nuestro poder, pero el futuro nos pertenece y sólo podremos vivirlo con plenitud si nos liberamos de aquello que nos ha dejado atrapados en situaciones que están ya fuera de nuestro alcance y que sólo se perpetúan a través de nuestra culpabilidad y rencor.

Cuando a alguna persona algo le causa dolor, disgusto o va en contra de sus expectativas, considera que ahí se acaba la historia. Sin embargo es, en ese momento, cuando debe iniciarse lo que será la historia del perdón.

Todos los seres humanos podemos aprender a perdonar y, por lo tanto, a sanar de todos nuestros remordimientos y de todas nuestras heridas.

Cuando culpamos a alguien por cómo nos sentimos, le otorgamos el poder de que él o ella manipulen nuestras emociones, y lo más probable es que ese poder no se use con sabiduría y nosotros continuemos sufriendo. La cantidad de personas que le dan este tipo de poder a quienes los lastimaron, sin importarles sus sentimientos, es sorprendentemente alto.

¿Cuántos de nosotros hemos dado ese poder sobre nuestra vida a personas que con el tiempo mostraron que no nos querían tanto; familiares que en su momento nos abandonaron; compañeros de trabajo que quisieron, tal vez, perjudicarnos; parejas que nos engañaron; amigos que no nos apoyaron cuando más lo necesitábamos? ¿Cuántos de nosotros pasamos tiempo cediéndole demasiando espacio en nuestra mente a las heridas del pasado? Mientras permanezcamos culpando a otros por nuestro dolor nos condenamos a permanecer atrapados en los profundos abismos de nuestras vidas.

Sin embargo, es importante recordar, como lo veremos en este libro, que exigirle a las personas ser responsables por sus acciones no es lo mismo que culparlos por cómo nos sentimos nosotros.

Perdonar es el acto que nos permite retomar el poder de nuestras vidas, ya que se lo quitamos de las manos a las personas a quienes les hemos permitido que nos sigan lastimando a través de nuestra propia culpabilidad o rencor.

Saber perdonar nos libera de la prisión emocional en que estamos atrapados por el resentimiento, por los deseos de venganza, por la vergüenza y la culpabilidad. Si crees que el perdón es un alto riesgo, entonces no has comprendido el terrible peligro que es la revancha. Sólo nuestra capacidad de perdonar puede detener la escalada de venganzas que por cobrar ojo por ojo, como dijo Mahatma Gandhi, nos deje ciegos a todos.

En el proceso de saber perdonar puedes elegir una o todas estas metas que te propongo:

- Liberarte de la culpabilidad, la rabia y el resentimiento.
- Reconstruir la paz en tu interior y la capacidad de poder volver a confiar en la vida y en las personas.
- Reconciliarte o dejar ir una relación, sin rencores y con esperanza en tu propio futuro.

Yo he podido constatar en mí misma y en muchas otras personas los grandes beneficios de libertad, paz y esperanza que vienen como resultado de perdonar y dejar el pasado atrás. Si tú también deseas liberarte de experiencias dolorosas y volver a experimentar paz en tu interior abriéndote a la esperanza, sigue adelante con la lectura de este libro y podrás obtener herramientas para un trabajo personal que te lleve a conseguir esas metas.

En estas páginas estaremos compartiendo, en el capítulo 1, qué es el perdón, para tener nuestras ideas claras y poder tomar decisiones firmes. De manera particular, en el capítulo 2, dedicaremos nuestra atención a lo que ha sido la investigación clínica y científica respecto al impacto que saber perdonar puede tener sobre nuestra vida. Ese capítulo conlleva una serie de datos para aquellos que tengan interés en conocer la fundamentación científica que actualmente existe sobre este tema.

En el capítulo 3 continuaremos avanzando para darnos cuenta de las múltiples razones por las cuales, en ocasiones, no llegamos a perdonar porque estamos confundidos y no sabemos lo que significa; por las aparentes ganancias secundarias que parece que obtenemos manteniendo nuestros rencores y castigando a los demás, y por la falta de claridad de lo que un diálogo debe ser para la solución de los conflictos.

En el capítulo 4 tocaremos el importantísimo tema de la culpabilidad, sentimiento que para muchas personas constituye el más grave de todos los problemas, y cómo transitar a la libertad interior por medio de la autoestima, de la humildad y de los pasos que una culpa sana nos obliga a dar.

Como saber perdonar es un proceso, estaremos exponiendo los dos aspectos más importantes de ese camino: los psicoemocionales en el capítulo 5, y los espirituales en el capítulo 6. Esto es necesario pues el perdón es una habilidad que todos poseemos, ya que depende de nuestra psicoemotividad, pero a la vez es un gran valor, una virtud que nace de nuestro espíritu, desde lo más profundo de nuestro ser.

Por último, en el capítulo 7, procuraremos recorrer juntos el camino de la reconciliación. Está dirigido a aquellas personas que han perdonado y desean seguir con una relación que, como veremos, nunca deberá continuar como estaba y tendrá que renovarse por completo. Es importante señalar, desde ahora, que perdonar no significa necesariamente reconciliarse, podemos perdonar y decidir terminar con aquellas relaciones que nos son tóxicas y nos exponen a mayores riesgos y violencia. La reconciliación será un camino a recorrer que debe conllevar amor y también inteligencia.

Cada uno de estos capítulos estarán acompañados de cuestionarios que nos harán reflexionar y nos facilitarán el proceso.

El increíble poder que los seres humanos tenemos para sobreponernos de las más grandes tragedias, sobrevivir los más grandes horrores y sanar las más profundas heridas, está en que los seres humanos podemos aprender a perdonar. Las herramientas las tienes aquí, pero eres tú quien tendrá que hacer el esfuerzo.

La gran motivación para moverte en la dirección del perdón es, fundamentalmente, que tengas claridad para comprender lo importante que es para ti recobrar el poder que le has dado a tu pasado para arruinar tu presente. Nunca olvides que el perdón es para ti, te ayuda a ti, te sana a ti y poco o nada tiene que ver con el ofensor, ya que perdonar de ninguna manera condona la crueldad o el trato injusto, lo que nos da es libertad, paz y esperanza.

Perdonar las heridas del pasado nos ayuda a mejorar nuestra salud y a sanar nuestras relaciones; recordemos que somos siempre nosotros los que tenemos la posibilidad de elegir, ya que aunque otras personas nos pueden lastimar sólo nosotros podemos elegir cómo reaccionar.

También somos cada uno de nosotros quien elige perdonar o no hacerlo, pero si optamos por el perdón nadie podrá detenernos, ya que haya hecho lo que haya hecho nuestro agresor, elegir el perdón es un ejemplo del poder que tenemos para sanar nuestras propias heridas y continuar hacia adelante con la vida.

Reflexionar profundamente y practicar lo que en este libro compartimos te ayudará a lograr y acrecentar una de las mayores virtudes para una vida feliz, una habilidad que debe estar siempre presente porque nos confronta, una y otra vez, con una realidad inevitable: cometeremos errores, lastimaremos a los demás y también seremos lastimados por otras personas.

Saber perdonar tiene el poder de sanar tanto nuestra vida interior como la exterior; puede transformar el modo en que nos vemos a nosotros mismos y a los demás; cambiar la manera en que experimentamos el mundo y eliminar de una vez y para siempre la batalla interna que luchamos y arrastramos día a día.

1

¿Qué es el perdón?

«El único antídoto contra la irreversibilidad de la
historia es la facultad de perdonar.»

HANNAH ARENDT

El perdón es la clave de la salud, sana la tristeza de nuestro corazón, es la llave de la paz, reestablece la armonía en nuestras vidas y es la puerta a la libertad, ya que es lo único que nos permite dejar atrás nuestros errores y comprometernos con el cambio, así como dejar de aferrarnos a relaciones que ya han acabado y seguir adelante. Saber perdonar es lo único que termina con la guerra en nuestro interior.

Nos da **libertad** para que las actitudes y los actos de otras personas dejen de tener poder sobre nosotros. A través de él encontramos la **paz** interior necesaria para renovar la vida. También nos da alivio interior y capacidad para vivir siempre con **esperanza**, ya que las voces del pasado son las que nos impiden estar presentes en el aquí y el ahora.

La libertad que nos ofrece perdonar nos da la predisposición interna de abandonar nuestro derecho al resentimiento y fomenta en nosotros la compasión y la generosidad. También nos brinda la determinación de dejar ir el dolor que nos hayan causado, de aferrarnos a esa historia y de liberarnos de un equipaje que ya no tenemos que seguir cargando.

El perdón es la paz que aprendemos a sentir cuando nos liberamos de aquello que nos ha lastimado y nos ha atrapado en el malestar. Es un regalo y beneficio que nos hacemos a nosotros mismos y no necesariamente al ofensor. Se refiere a nuestra capacidad de sanar nuestras heridas y no a las personas que nos lastimaron. Nos permite retomar el poder sobre nuestra propia vida, liberándonos del pasado y asumiendo la responsabilidad de nuestros sentimientos.

La paz que surge en nosotros al perdonar nos lleva a asumir la responsabilidad de cómo nos sentimos y de convertirnos en personas con fortaleza, en vez de permanecer como víctimas de la historia que contamos.

Cuando alcanzamos la paz nos hacemos conscientes de que perdonar no cambia el pasado, sin embargo sí cambia nuestro presente y nos da posibilidades de futuro, comprendiendo que ser lastimados es parte normal de la vida, pero que ninguna herida puede determinar nuestro vivir.

Perdonar es la paz que sentimos cuando los resentimientos han cesado; cuando somos responsables de nuestros propios sentimientos, de la compasión que debemos experimentar hacia nosotros mismos y hacia los demás. Es el poder que obtenemos cuando afirmamos la profundidad de nuestra resiliencia y la capacidad de fortaleza que poseemos, como lo he expuesto en mi libro *Saber crecer: resiliencia y espiritualidad**. En el perdón está el poder que sentimos al

---

* Rivas Lacayo, Rosa A., *Saber crecer: resiliencia y espiritualidad,* Ediciones Urano, Barcelona, 2007.

crear una historia nueva de vida donde descubrimos que somos capaces de sobreponernos a nuestras dificultades y dolor.

Saber perdonar nos ayuda a aceptarnos, a entender que los errores son oportunidades para crecer, a ser más conscientes y desarrollar la compasión.

Es verdad que nadie se muere por permanecer herido o enojado, sin embargo morimos de otras maneras, tal vez no físicamente pero sí espiritualmente porque perdemos nuestra capacidad de amar, de luchar, de tener esperanza y de volver a confiar. Más allá del dolor y la rabia, la pérdida de la alegría, de la esperanza, del amor y la intimidad, van opacando la vida de aquellos que no perdonan.

Perdonar nos permite recobrar la confianza en nosotros mismos para poder salir adelante cuando la vida parece haberse endurecido y nos resulta difícil de transitar. Es una afirmación poderosa de que los hechos negativos, tristes y dolorosos en nuestro pasado, a pesar del mucho dolor que nos pudieron provocar, no tienen porqué arruinar nuestro presente y mucho menos nuestro futuro; nos ayuda a recobrar el poder sobre nuestra vida para que nuestras decisiones tengan menos raíz en el dolor y mucho más fruto en lo que es mejor para nosotros y para los que nos rodean, sobre todo para aquellos a quienes amamos.

El perdón, llevado a sus últimas consecuencias, implica la capacidad de reconstruir la confianza en la vida, de volver a tener esperanza, de promover un diálogo abierto respecto a lo que se ha lastimado para que, con acuerdos y trabajo, se pueda renovar una relación cuando ambas partes lo desean.

La esperanza que nos da el perdón nos permite seguir adelante con nuestra vida; al hacerlo nos reconectamos con ilusiones e intenciones positivas que nos abren horizontes. Significa cambiar una narrativa de dolor y resentimiento por una historia de esperanza y de objetivos hacia el futuro que nos dejará continuar apreciando la belleza de la vida a pesar de haber sido lastimados.

Definir el perdón es un verdadero reto, ya que cada uno de nosotros tiene conceptos e ideas diferentes. Sin embargo, las tradiciones, la experiencia y la investigación clínica, que ahora existe, nos auxilian para tener un acercamiento a lo que verdaderamente significa y nos ayudan a puntualizarlo:

El perdón es como una balanza entre la justicia y la misericordia, conlleva tanto una acusación como una decisión de no vengarse. Sin embargo, no significa que se declara al ofensor como inocente o que se le libera de asumir la responsabilidad de las consecuencias que sus actos provocaron. Significa que decidimos no convertirnos en verdugos y que optamos por la libertad emocional y la paz espiritual que el acto de perdonar nos da, abriéndonos a la esperanza del futuro.

Ante todo el perdón es una actitud que requiere de un cambio de percepción, de poder considerar a las personas y a las situaciones de otra manera, es un proceso tanto psicoemocional como espiritual y requiere de tres ingredientes importantes: **voluntad, pensamiento positivo** y **fortaleza espiritual.**

Cuando alguien perdona a una persona que ha trasgredido ciertos límites y que lo ha lastimado, es el que perdona quien realmente cambia a través de una nueva actitud.

Saber perdonar es, ante todo, un proceso, un esfuerzo personal, una intencionalidad. Es la gana de liberarnos del doloroso pasado; es tomar la decisión de no seguir sufriendo, de sanar el alma y el corazón. Es no conceder lugar al odio o la rabia. Es dejar ir el deseo de lastimar al otro o a nosotros mismos por algún motivo que pertenece al pasado. El perdón empieza cuando, por voluntad propia, decidimos sacudirnos de la decepción y entrar en diálogo con la realidad.

Dejar ir no significa desprenderse de la realidad, sino más bien dejar ir el pasado para poder vivir más plenamente el presente, y es la capacidad de vivir el presente lo que nos prepara para crear un futuro mejor. Luchar contra el perdón y superar esa lucha para llegar a perdonar sucede cuando descubrimos que la vida sigue, cuando nos damos cuenta que no debemos quedarnos atascados en una experiencia del ayer.

No podemos perdonar hasta que no nos decidimos a hacerlo y puesto que perdonar es un camino y un proceso, sólo nuestra voluntad nos llevará a caminarlo. Es importante recordar que es un esfuerzo cognitivo/pensante que no significa que el proceso se haya completado, simplemente es el punto de partida.

Cuando racionalmente determinamos que fuimos tratados injustamente, sólo podremos llegar a perdonar cuando tenemos la voluntad de abandonar, dejar atrás el resentimiento y las respuestas vengativas, a las cuales, muy justificadamente, podemos tener derecho. Al decir que: *«racionalmente hemos determinado que fuimos injustamente lastimados»* significa que no nos hemos precipitado en hacer un juicio del ofensor. El que en realidad perdona evita distorsionar la verdad y puede discernir que la otra persona ha cometido algo indebido.

Perdonar no es una actividad pasiva, sino más bien una que está plena de momentos de lucha y de ambivalencia. Al referirnos a la voluntad no se quiere implicar algo que se logra simplemente al tomar una decisión, es tan sólo el inicio del camino que implica un proceso consciente que requerirá esfuerzo. La experiencia nos muestra que podemos decidir perdonar por la mañana, y por la tarde volver a sentir una rabia que reclama venganza. El proceso puede tomar semanas o meses.

El perdón es un desafío para nuestra «animalidad», ya que el instinto ante una injusticia es el de responder para, supuestamente, «equilibrar» la balanza. Sólo la capacidad autorreflexiva de nuestra humanidad y el pensamiento positivo nos llevarán a emociones positivas que nos ayudarán a evolucionar, y nos harán posible acceder a la trascendencia del perdón.

Perdonar nos permite dejar ir lo que es negativo y nos compromete con lo que es positivo. Es un proceso que involucra la disminución de los pensamientos, sentimientos y acciones negativas hacia el ofensor, y nos exige recobrar una perspectiva más balanceada de los eventos, de nosotros mismos y de nuestros ofensores.

La reducción de los afectos negativos hacia la vida, renunciar, de alguna forma, al derecho que ciertamente tenemos de castigar a un ofensor, cambiando nuestra perspectiva aun cuando reconocemos plenamente que la persona es responsable de sus actos y tendrá que asumir las consecuencias, nos libera del esfuerzo y pérdida de energía por la búsqueda de un castigo.

La investigación clínica nos muestra que el perdón involucra algo más que simplemente dejar ir lo negativo para comprometernos en la expresión de pensamientos y sentimientos positivos, conductas que nos llevan a ser proactivos y, por ende, no se quedan atrapadas en su propia reacción al pasado.

Perdonar significa dejar atrás nuestro derecho al resentimiento, a un comportamiento vengativo hacia la persona que tal vez, injustamente, nos ha lastimado. El perdón exige fomentar en nosotros la compasión, la generosidad e inclusive el amor hacia esas personas. Todo esto requiere de una fortaleza espiritual fundamentada en los valores más nobles de nuestro corazón.

Para perdonar debemos ser capaces de manifestar dos habilidades:

- Empatía, que depende de nuestra capacidad afectiva y cognitiva para ver las situaciones desde el punto de referencia de los otros.

- Imaginación, que depende de nuestra capacidad de visualizar el futuro.

Estas dos habilidades están relacionadas con nuestra fortaleza espiritual, que puede ser incrementada por nuestra religiosidad aunque, como la investigación clínica nos lo ha demostrado, el perdón impuesto por el deber religioso incrementa la presión sanguínea, mientras que el perdón causado por la empatía y el amor no lo hace.*

En otras palabras debemos perdonar por convicción con los valores más altos de nuestro espíritu y no por coacciones amenazantes.

La soberbia, terrible enemigo de nuestra espiritualidad, es también una de las peores consejeras en nuestro quehacer de perdonar. Para algunas personas ser poderoso u ocupar un puesto de autoridad ha significado no tener que pedir perdón. ¿Cuántos padres de familia consideran que reconocer sus errores ante sus hijos es algo impensable porque disminuiría su autoridad?

¡Qué pensamiento tan absurdo! En realidad la figura de autoridad crece en el momento en que es capaz de reconocer un error y sobre todo cuando es capaz de pedir perdón. Recordemos que el acto de perdonar genera los mejores y más cálidos sentimientos no sólo en quien perdona, sino también en el que ha sido perdonado, favoreciendo de esa manera el ámbito de todas nuestras relaciones.

El perdón es un proceso intrapersonal, algo que ocurre en nuestro interior, algo que involucra un cambio en nuestra forma de pen-

---

* McCullough, Michael E., Pargament, Kenneth I., Thorensen, Carl E., *Forgiveness: Theory, Research and Practice*, The Guilford Press, New York, 2000.

sar, en nuestra conducta, en nuestras emociones, en nuestras motivaciones y que llega a darse cuando decidimos no quedarnos enganchados en una relación con el ofensor. También podemos decir que perdonar es un proceso interpersonal, ya que es un camino crítico dentro del contexto de las relaciones que se desean renovar o que se deciden dejar atrás.

Aspectos necesarios en el proceso del perdón

Tanto la investigación clínica como la experiencia nos han mostrado que debemos considerar ciertos aspectos que nos ayuden a realizar el proceso de perdonar.

1. *La aceptación y conciencia de nuestras emociones como la ira y la tristeza.* Perdonar no interfiere con nuestra habilidad de ser honestos respecto a lo que nos ha sucedido, así como tampoco significa permanecer vulnerables para que puedan volver a lastimarnos.

2. *Dejar ir y liberarnos de las necesidades interpersonales que sentíamos tener y que no se lograron satisfacer.* Esto implica también tener claridad respecto a lo que es importante, qué comportamientos son tolerables y qué límites no deben cruzarse, así como establecer reglas para que una relación pueda renovarse, si eso es lo que se desea.

3. *Un cambio en nuestra percepción del ofensor.* La calidad de nuestro perdón puede variar por diversas causas como son: la severidad de la ofensa, cómo era la relación previamente y cuáles han sido las reacciones subsecuentes del ofensor. También puede variar por la comprensión que tengamos

de lo que es perdonar y por la práctica que tengamos en ello.

4. *El desarrollo de la empatía.* Nuestra habilidad de ser emocionalmente inteligentes y poder introducirnos en el estado de ánimo del otro, así como en su forma de pensar, sus temores y expectativas, siendo capaces de desarrollar la comprensión que a nosotros mismos nos dará mayor claridad respecto a lo que ha acontecido.

5. *Construir una nueva narrativa de nosotros mismos y de las otras personas.* Iniciar un nuevo capítulo en el libro de nuestra vida, aprendiendo de lo adverso y dejando atrás el dolor. Recontar una y otra vez la misma historia sólo nos deja atrapados en ella.

El perdón no sólo nos ayuda a recobrar una perspectiva más equilibrada de la persona que nos ofendió, sino también del evento mismo en el que nos hemos sentido afectados. A la vez, nos ayuda a disminuir nuestros impulsos negativos y dejar ir el derecho que sentimos tener de vengarnos.

Para algunos investigadores es muy importante, cuando tratamos de clarificar qué es el perdón y cómo aplicarlo a nuestras vidas, tomar en consideración las siguientes cuatro fases:

1. Ser conscientes de lo que nos ha ocurrido, de lo que sentimos y de lo que significa para nosotros perdonar.
2. Tomar con voluntad la decisión de perdonar.
3. Realizar el trabajo que el proceso requiere.
4. Profundizar en nuestros valores espirituales para llegar a superarlo.

Desde una perspectiva meramente psicológica el perdón parece ser una habilidad, una estrategia de adaptación y un compromiso. Mencionamos que parece una habilidad porque debe practicarse y requiere de tiempo, ya que existe un efecto acumulativo a través del cual esa habilidad mejora, puede sostenerse y se facilita.

Como estrategia de adaptación la persona que perdona se interesa en salir adelante a pesar de las dificultades. Cuando ejercitamos una estrategia de adaptación obtenemos un buen funcionamiento psicológico, lo que suele suceder con el perdón. También debemos considerar que es un compromiso que nos genera mayor bienestar, y mejora a la vez nuestro entorno.

Más allá de que psicológicamente el perdón puede tener cualidades en común con una habilidad, con una estrategia de adaptación y con un compromiso, también tiene la cualidad de ser una virtud o valor moral, razón por la cual nuestra fortaleza espiritual es importante para su práctica. Si consideramos a los valores o virtudes como algo bueno es porque se centran en el carácter e involucran la bondad.

El enfoque del perdón descansa en un principio muy amplio de lo que es procurar la bondad, la compasión y la generosidad. Todos estos valores, cuando se comprenden adecuadamente y se practican, involucran el bienestar de la persona y, por lo tanto, califican como algo que es bueno.

El perdón tiene muchas facetas. Es:

- **Una decisión** de ver más allá de los límites de la personalidad de otra persona, de sus miedos y errores; de ver la esencia de nuestra interioridad. La opción de perdonar siempre estará ahí, ya sea que alguien nos la pida o no, la decisión es nuestra.

Perdonar es la decisión de liberarnos a nosotros mismos de las ofensas personales y de la culpabilidad que se han quedado atascadas en nuestro interior y que nos causan un ciclo de dolor y sufrimiento. Así como la rabia o la tristeza que sentimos son adecuadas en su momento, con el tiempo, y a diferencia de lo que sucede con el buen vino, no mejoran.

- **Una actitud** que supone estar dispuestos a aceptar la responsabilidad de nuestras propias percepciones, reconociendo que tienen mucho de subjetivo y las podemos cambiar.

Las actitudes no son más que la manifestación de nuestras predisposiciones internas que están determinadas por la forma de pensar, la cual depende por entero de nosotros y de nadie más.

- **Un proceso** de crecimiento personal que nos hace experimentar paz, amor, alivio, confianza, libertad, alegría y apertura del corazón que se acompaña de una sensación de estar haciendo lo correcto.

Todo proceso implica un camino que se tendrá que transitar, con sus días llenos de sol y sus días nublados; con la ambivalencia de sentimientos encontrados; una lucha que no será fácil, pero siempre será posible para salir victoriosos.

- **Una forma de vida** que supone el compromiso de experimentar cada momento libre de percepciones pasadas, y de ver cada instante como algo nuevo, con claridad y sin temor.

¿Cuánto tiempo en realidad nos lleva perdonar, sobre todo heridas profundas y dolorosas? La respuesta dependerá de cada uno de nosotros y de nuestro propio proceso. Lo importante es recordar que el perdón es, definitivamente, la mejor y más razonable alternativa ante lo que significaría permanecer heridos y con rabia.

Perdonar es una conducta que demuestra nuestra fortaleza. Los beneficios de esta decisión emergen conforme somos capaces de dar mayor amor y cuidado a los seres importantes en nuestra vida que nada tienen que ver con nuestra experiencia de dolor. Desafortunadamente, muchos de nosotros, que hemos sido lastimados en el pasado, desarrollamos una tendencia a alejarnos y a desconfiar de aquellas personas que están tratando de darnos su apoyo y su amor. Con frecuencia son ellas las que sufren por nuestros rencores y culpabilidades, no son las que nos lastimaron, sino aquellas para quienes somos importantes en el presente.

A pesar de los enormes beneficios que sabemos que perdonar puede traernos, la investigación nos sugiere que una buena parte de las personas ni siquiera considera este acto cuando se ven obligados a manejar las crueldades de la vida. Pero omitir el perdón del gran abanico de respuestas que podemos dar ante el dolor nos lastima aún más en cuerpo, mente y espíritu.

Perdonar nos exige equilibrar los aspectos impersonales de una herida, es decir, lo que otra persona objetivamente nos ha hecho, con los aspectos personales, o sea con nuestra forma de responder ante lo sucedido. Esto significa asumir lo que ha acontecido de una manera menos subjetiva, aceptando la responsabilidad respecto a cómo es que nosotros nos sentimos cuando alguien nos lastima.

Por otra parte, es importante ser conscientes de que asumir responsabilidad por cómo nos sentimos no significa que lo que sucedió haya sido por culpa nuestra. Nosotros no hemos causado los hechos que sucedieron, pero de lo que sí somos responsables es del cómo pensamos, cómo nos comportamos y cómo nos sentimos desde que esas experiencias ocurrieron. En otras palabras, somos responsables de nuestras reacciones y de cómo manejamos nuestra propia emotividad.

Perdonar significa decidir qué pensamientos son los que ocupan nuestra mente; es el poder que tenemos de reconocer que una injusticia del ayer no tiene por qué seguir haciéndonos sufrir en el hoy.

Todos hemos vivido buenos tiempos, aun con aquellas personas que en algún momento nos lastimaron, son los recuerdos de amor, alegría y gratitud los que deben abarcar nuestra memoria. Saber perdonar es elegir ese tipo de recuerdos, en vez de aquellos que nos provocan amargura y rencor, algo que siempre podemos hacer, ya que lo que pensamos está totalmente bajo nuestro control y no depende de las acciones de otros. Lo fundamental y crítico en el proceso es tener un buen control de nuestra mente como resultado de nuestras emociones.

Cuando por fin cambiamos nuestras historias de resentimiento por historias de perdón realmente nos convertimos en héroes en vez de en víctimas.

El perdón nos alivia del malestar que sentimos cuando las personas no hacen lo que nosotros deseamos o esperamos de ellas; nos ayuda a evitar el desperdicio de nuestro tiempo tratando de cambiar a otros que no desean cambiar; nos permite retomar el control de nuestras vidas conforme dejamos de intentar controlar la vida de los demás. También nos impide seguir sintiendo dolor por las acciones de quienes nos lastimaron en el pasado.

El proceso del perdón no se da en un instante, es el resultado de poder confrontar las experiencias dolorosas del pasado y de llegar a sanar las viejas heridas. Perdonar no es algo que hacemos, es algo que acontece y está ligado a una autoestima positiva cuando, al habernos considerado víctimas, dejamos de construir nuestra identidad alrededor de lo que ha sucedido en el pasado.

Dentro de cualquier definición que se pueda dar del perdón

también hay que considerar lo que actualmente y, en base a la experiencia de la psicoterapia, podemos llamar el perdón secundario, es decir, llegar a perdonar a alguien que no nos ha lastimado directamente a nosotros.

Este tipo de perdón, hoy más que nunca, es urgente por la violencia que padece nuestra sociedad, porque probablemente algunos de nuestros seres queridos y cercanos han sido lastimados por personas que permanecen en el anonimato ante la impunidad y carencia de administración de justicia.

El perdón secundario nos libera del distrés emocional, nos permite pensar con mayor claridad y, sobre todo, terminar con ese círculo vicioso de una narrativa dolorosa para nuestra propia historia que, con mucha facilidad, nos convierte en personas amargadas y cerradas a la vida.

Iniciar este camino nos exige dejar atrás la expectativa de que la vida vuelva a ser como antes. Después de una grave ofensa y dolor, las circunstancias son diferentes, por lo tanto, nosotros somos diferentes. Aun en las reconciliaciones, las relaciones cambian, al tener que renovarse y no simplemente continuar.

Perdonar es la manera de salir de la oscuridad para entrar a la luz; este acto nos permite liberarnos de las sombras del pasado, aunque esas sombras sean proyectadas por nosotros mismos o por alguna otra persona. Nos libera de la necesidad y de la expectativa de modificar el ayer que ya pasó. Perdonamos porque es necesario para nosotros, para nadie más, inclusive podemos perdonar y renovar una relación o perdonar y terminar con ella.

Sin el perdón seguimos atados al ayer que ensombrecerá nuestro hoy, dejándonos sin ánimo ni deseo de crear un proyecto para el mañana. Se puede decir que nuestra imaginación queda atrapada en nuestros rencores y aterrorizada por nuestra memoria, pero recordemos, como explico ampliamente en mi libro *Saber pensar*, que la memoria es caprichosa y que reelabora sobre sí misma. El perdón está en nosotros, en nuestra capacidad de reescribir nuestros recuerdos y dejar ir las heridas.

El perdón no sólo es la más ardua tarea para el amor, sino también la que puede conllevar mayores riesgos, porque si lo distorsionamos nos puede llevar a ser individuos pasivamente sumisos, incapaces de responsabilizarnos por nuestra propia vida o bien puede convertirnos en impiadosos manipuladores que lo utilizamos para atar grilletes a la conciencia de otras personas.

En esta vida nada es para siempre y en ocasiones el dolor de haber sido lastimados nos recuerda que hay relaciones que deben terminar y contactos que deben disolverse. El perdón nos da la oportunidad de superar estas crisis y retomar la vida.

Podemos pensar en el perdón como una decisión muy personal de librarnos de toda amargura y de actitudes vengativas, así como de perdonarnos a nosotros mismos corrigiendo caminos que van acompañados por la motivación y el compromiso de no volver a repetir la transgresión.

El perdón es un valor y su propósito fundamental es la búsqueda del bien. Dos aspectos del bien, indispensables para nuestra humanidad, que están íntimamente ligados al perdón, son la justicia y la misericordia.

Una persona que perdona ha sido, quizá, tratada injustamente y el perdón constituye una respuesta misericordiosa a esa falta. Quien perdona tiene un sentido claro de lo que es correcto y de lo que no lo es y reconoce que otros han actuado mal, por lo tanto, ofrece bondad. Cuando somos misericordiosos buscamos dar lo mejor de nosotros a la vida, inclusive a aquellos que en ciertos momentos no lo merecen.

Sin embargo, la justicia y el perdón pueden coexistir. Es posible y a veces necesario y recomendable, para el bien de todos, que en ocasiones la persona que decide perdonar exija también justicia al mismo tiempo. Esto significa perdonar al ofensor pero a la vez exigirle que asuma la responsabilidad por la consecuencia de sus actos.

EJERCICIO DE REFLEXIÓN

Hagamos un alto para reflexionar sobre lo que el perdón puede significar para nosotros y por qué es importante practicarlo. Te recomiendo que te relajes y, con la mayor honestidad posible, des respuesta a las siguientes preguntas. Contestarlas te ayudará a tomar nota de perspectivas que pueden cambiar y superar el dolor del pasado.

¿Permitiré que el dolor habite en mi corazón y devore mis posibilidades de ser feliz?

_____

_____

_____

¿Qué tan frecuentemente pienso en aquellos actos que no he podido perdonar?

_____

_____

_____

¿Qué puedo hacer o cómo podría manejar mejor la situación que tengo con la persona con quien me siento en conflicto?

_____

_____

_____

¿Cómo me siento frente a la posibilidad de perdonar?

_____

_____

_____

¿Cómo me siento ante la decisión de perdonar?

_____

_____

_____

¿Cuántas ofensas y remordimientos quisiera dejar ir?

_____

_____

_____

¿Puedo imaginar tener una calidad de vida diferente? ¿Sí o No? ___
   Entonces imagina:
   ¿Si yo perdonara?...

_____

_____

¿Si yo no perdonara?...

_____

_____

_____

¿Si yo perdonara, yo sería...?

_____

_____

_____

Perdonar ¿significa?...

_____

_____

_____

¿Esta guerra interna que yo vivo tiene ya un efecto directo en mis seres cercanos y queridos?

_____

_____

_____

¿Puedo dejar ir mi expectativa de que el pasado sea diferente?

_____

_____

_____

Cuando sientes que está por encenderse la flama del conflicto te preguntas:

¿De qué se trata en realidad todo esto?

_____

_____

_____

¿Es en realidad tan importante?

_____

_____

_____

¿Puedo hacer las cosas de manera diferente?

_____

_____

_____

Ante los malos entendidos pregúntate a ti mismo:

¿Cuál fue mi contribución en el conflicto?

_____

_____

_____

¿Qué diría al respecto un observador neutro que hubiera estado presente en la situación?

_____

_____

_____

¿Sueño con poder aplastar a mi agresor?

_____

_____

_____

¿Lleno mi cabeza con fantasías de venganza que me hacen sentir poderoso y en control de la situación?

_____

_____

_____

Es posible que en muchas ocasiones sea nuestra propia hipersensibilidad o nuestras percepciones equivocadas las que nos lleven a sentirnos ofendidos. Pregúntate.

¿Me siento ofendido con facilidad?

_____

_____

_____

¿Tengo constantes confrontaciones con otras personas?

_____

_____

_____

¿Saco conclusiones con demasiada rapidez?

_____

_____

_____

¿Con frecuencia tomo a nivel muy personal lo que la gente hace o dice?

_____

_____

_____

¿Reacciono con arrogancia o indignación cuando alguien hace algo que me parece equivocado?

_____

_____

_____

¿Cómo me siento yo y qué siento respecto a lo que es el perdón?

_____

_____

_____

¿Qué espero lograr con mi decisión de perdonar?

_____

_____

_____

¿Hay alguna experiencia que ya sucedió en mi vida y que no se puede cambiar, pero que en mi interior sigo exigiendo o demandando que sea diferente?

_____

_____

_____

¿Por qué le doy tanto espacio en mi mente a alguien para quien obviamente no fui tan importante? ¿Me ayuda en algo hacer eso?

_____

_____

_____

Contesta con un **SÍ** o un **NO** a las siguientes preguntas respecto a alguna historia que te has venido recontando a ti mismo y a los demás, como narrativa de resentimiento.

- ¿Le he contado esta historia más de dos veces a la misma persona?_____
- ¿Revivo los eventos que sucedieron más de dos veces en el mismo día en mi propia mente?_____
- ¿Me encuentro a mí mismo hablándole a la persona que me lastimó a pesar de que esa persona no está conmigo?_____
- ¿Me he comprometido ante mí mismo para contar esa historia sin enojarme o entristecerme y de repente encontrarme inesperadamente agitado al contarla?_____
- ¿Es la persona que me lastimó el personaje central de mi historia?_____
- ¿Cuando cuento esta historia recuerdo otros hechos dolorosos que me han sucedido?_____
- ¿Se enfoca mi historia primordialmente en mi dolor y en lo que he perdido?_____
- ¿Me he comprometido conmigo mismo para no repetir esa historia, y una y otra vez rompo ese compromiso?_____
- ¿Busco a otras personas con problemas similares para contarles mi historia?_____
- ¿Mi forma de relatar la historia ha permanecido igual a lo largo del tiempo?_____
- ¿Me he detenido a revisar los detalles de mi historia para ver si son correctos?_____

Si contestas SÍ a cinco o más de estas preguntas y un NO a la última pregunta, existe una buena posibilidad de que estás recontando una historia de resentimiento y dolor. Si así es, no pierdas la esperanza, muy fácilmente puedes cambiar una historia de resentimiento y crear una nueva que te abra las puertas al presente y al futuro.

Por último te sugiero:

Dos o tres veces al día, si te es posible, toma el tiempo para sentarte tranquilamente, cerrar tus ojos y tomar conciencia de tu respiración.

Imagina cómo al inhalar, así como llevas oxígeno a todas tus células, inhalas también, en ese mismo aire, serenidad y paz. Al exhalar imagina que así como tu cuerpo se libera de toxinas en el aire que exhalas, tu interior también se libera de todos los resentimientos y de todas las tensiones.

Con tranquilidad y con tus ojos cerrados detente por un instante para pensar y reconocer todo lo bueno que sí existe en tu vida y manifiesta tu gratitud a Dios, a la vida misma, a las personas que sí te rodean con cariño, a aquellos que te acompañan. Con un sentir de serenidad, paz y gratitud, permanece algunos minutos recreando en ti estos sentimientos.

Empieza a estirar tu cuerpo lentamente hasta llegar a abrir tus ojos para retomar tu actividad habitual.

2

¿Por qué es necesario perdonar?

«Lamerte las heridas, tronar los labios por resentimientos del pasado, saborear el dolor que le puedes causar al otro, de muchas formas es como una fiesta digna de un rey. El gran problema es que a quien devoras es a ti mismo. El esqueleto al final de la fiesta es el tuyo.»

FREDERICK BUECHNER

Durante los últimos años han ido aumentando los estudios médicos que demuestran que la rabia, el rencor, la agresividad, la vergüenza y el sentimiento de culpabilidad crónicos están muy relacionados con la enfermedad física.

El resentimiento y la culpabilidad, sobre todo cuando han sido con frecuencia reprimidos, podrían ser los factores que más contribuyen a la inmunosupresión, es decir, a la pobre o nula respuesta de nuestras defensas. Cuando la rabia y la vergüenza se reprimen el sistema inmunitario se afecta y no puede funcionar eficientemente.

El gran antídoto para estos devastadores enemigos es el perdón, razón por la cual podemos comprender por qué saber perdonarnos y perdonar a otros es tan necesario para nuestra calidad de vida.

Dentro de cada uno de nosotros existe un sentir profundo de lo que es correcto y de lo que no lo es, un sentir que nos puede llevar a percibirnos como culpables y avergonzados cuando transgredimos esos límites. Existen suficientes datos clínicos que claramente demuestran que el sentido o código ético que ha sobrevivido por siglos nos provee de valores que incrementan nuestra dignidad y que nos aseguran una mayor satisfacción y un mayor bienestar. Cuando dejamos de respetar o ignoramos esos principios tarde o temprano experimentaremos vergüenza y culpabilidad.

También hemos de considerar cuán peligroso es el odio, puede ser mortal para nuestra alma, ya que casi nada bueno puede surgir de nuestro interior cuando ocupa nuestros espacios más íntimos, causando un enorme daño al que lo vive dentro de sí, y exigiendo ser sanado para restablecer el bienestar de la vida. De igual forma, el rencor que acompaña al odio es siempre tóxico, envenena no solamente a nuestra memoria sino a la vida misma, a través del efecto que causa en las relaciones de familia, de amigos o colaboradores.

Negarnos a perdonar es una manera muy disfuncional de responder a una ofensa, ya que no hacerlo rompe toda alternativa de diálogo, pero sobre todo impide que tengamos paz en nosotros mismos y, por lo tanto, cualquier posibilidad de una resolución positiva a nuestros conflictos.

Desde luego no perdonar nos envenena tanto física como emocionalmente y paraliza el flujo de nuestra vida, puesto que nos deja atascados en una situación de sufrimiento. Por supuesto, no somos responsables del daño que se nos haya causado, pero sí somos responsables de nuestra recuperación, la cual no es posible sin el perdón.

Nuestra salud psicoemocional nos exige honestidad. Cuando nos sentimos culpables o agraviados por algo es fácil justificar o culpar a otro y generalmente apuntamos diciendo: «*Tú me hiciste sentir...*». Pero la realidad es que el que nos sintamos mal no significa necesariamente que la otra persona sea culpable por ello. Muchas veces la rabia es nuestra, ha sido alimentada en nuestro corazón por experiencias del pasado y ha sido forjada por nuestras exageradas formas de responder ante el conflicto.

Hoy sabemos que muchos de los valores como la compasión y la esperanza no sólo tienen un peso de tipo espiritual, sino que adicionalmente tienen una función para la supervivencia de los seres humanos. Preguntémonos: *¿Por qué la idea o la práctica del perdón siempre ha estado presente a lo largo de la historia? ¿Qué ventaja evolutiva de adaptación ha significado desarrollar la capacidad de perdonar?*

Por nuestra tendencia a exagerar la ofensa que padecemos, como las consecuencias que le podemos haber causado a alguien a quien nosotros lastimamos, tenemos casi siempre como resultado el intento de devolver el daño o de aislarnos. Puesto que la persona que inicialmente nos ofendió o a quien ofendimos de igual forma percibirá los hechos de una manera más exagerada, esto dará inicio a un círculo vicioso que puede terminar con la vida misma.

Cuando este mecanismo de respuesta entra en operación es casi imposible llegar a restablecer el equilibrio, ya que cada intento para restaurar lo que se considera es un justo balance, resulta en un mayor desequilibrio. Esta estrategia neuropsicológica equivocada si no tuviera una regulación nos llevaría, eventualmente, a un absoluto caos social que, por lógica, estábamos tratando de evitar.

Esto significa que la evolución del acto de perdonar trae beneficios a cualquier grupo social, puesto que ayuda a eliminar esa escalada progresiva de comportamientos vengativos. El incremento de ese tipo de comportamientos lo sentimos justificado por una percepción distorsionada de nuestra propia importancia con sus consecuentes malas decisiones respecto a la «cantidad» de venganza que necesitamos para equilibrar los hechos. Por lo tanto, si las interacciones vengativas se acercan a un nivel peligrosamente nocivo puede ser que el perdón sea lo único que nos salve la vida.

Por otra parte, la persona que perdona puede lograr mayor apoyo social, ya que hacerlo se sintoniza con una afectividad positiva y esto causa un buen sentimiento también en los que observan el devenir de los eventos.

En términos generales, las ventajas del perdón, tanto para los grupos como para el individuo, casi siempre son de mucho mayor peso e importancia que los riesgos que pueden surgir de haber perdonado, aparte de los enormes beneficios psicoemocionales que se logran obtener a partir de saber perdonar.

Otra posibilidad respecto a las ventajas adaptativas de supervivencia que el perdón nos da, es que está definitivamente ligado a la indispensable habilidad que requerimos para llegar a conformar una familia o un grupo social. No se puede dejar de considerar que lo más probable, en nuestra evolución, es que la capacidad de perdonar haya desempeñado un papel determinante en la conducta de los seres humanos para poder convivir. Es obvio para todos que el perdón es necesario para facilitar la interacción social, para vivir en comunidad, empezando por el núcleo básico de la familia.

Como veremos más adelante, un análisis neuropsicológico del perdón también puede ayudarnos a comprender el por qué esta habilidad/valor puede contribuir a mejorar la estabilidad psicológica de toda persona. El perdón es una nueva frontera para la práctica y la investigación psicológica, así como para la investigación de los efectos de nuestra emotividad en la salud física.

No podemos negar que muchas personas buscan orientación terapéutica porque sienten haber sido tratadas injustamente por otras o porque no han podido superar haber cometido algún error que las sigue atormentando con enorme culpabilidad.

A pesar de que aún no existe un protocolo totalmente definido dentro de las escuelas terapéuticas, hoy ya se practica lo que se ha denominado terapia del perdón, la cual ofrece un acercamiento para abrirse a la comprensión que nos ayude a poder manejar el sentimiento de haber padecido una injusticia o de haberla cometido y poder trabajar con nuestra propia rabia o vergüenza para alcanzar la salud de nuestras emociones.

He podido ser testigo de personas que están tan involucradas en su propia rabia o culpabilidad que no tienen ni siquiera la energía suficiente para desempeñar su trabajo, encontrar uno nuevo, poner límites a las relaciones tóxicas o manejar su propia vida de una forma más equilibrada y normal. Para ellas el perdón ha sido lo que les ha hecho posible liberarse, no solamente para tener la energía que la vida nos exige, sino inclusive, para hacer grandes cambios que les ofrecen mayores y mejores ventajas para su calidad de vida.

Seguramente, tanto tú como yo, hemos sido testigos de personas que se han separado o aislado de otros miembros familiares durante años y que han encontrado un camino positivo y significativo para retomar las relaciones porque han sido capaces de pedir o de otorgar el perdón.

Hay personas que habiéndose considerado seriamente afectadas en su emotividad por una queja legítima en contra de una persona que las ha ofendido, descubren en el perdón el valor para confrontar esa injusticia, reconociendo el dolor emocional, dejando ir el resentimiento que tanto las debilitó y quitándose de encima la etiqueta autoderrotista que ellas mismas se habían colocado.

Por nuestra salud física

Es probable que una de las primeras menciones del acto de perdonar dentro de lo que es la literatura del desarrollo psicológico se pueda encontrar en Piaget desde 1932. En su libro «Le jugement moral chez l'enfant»,* dedicó un espacio a este tema en el que se detuvo a contemplar y discutir el concepto del perdón en contraste con el concepto de justicia, que era su materia central.

Hoy en día, contamos ya con un sinnúmero de investigaciones fascinantes que han emergido en los últimos 25 años que documentan el poder sanador del perdón: reduce los síntomas de depresión, incrementa la esperanza, disminuye la rabia y el estrés, mejora el sentimiento de estar conectado a la vida, desarrolla la autoconfianza y ayuda a sanar las relaciones. Las personas que perdonan reportan menos problemas de salud y, por ende, los síntomas físicos que de ellos pueden provenir.

Perdonar es un acto más poderoso que la hostilidad, la cual siempre será un factor de riesgo para la estabilidad cardiovascular. Las personas que culpan a otros por sus problemas tienen una mayor incidencia de padecer estas enfermedades, así como el cáncer.**

---

* Piaget, Jean, *Le jugement moral chez l'enfant*, Presses Universitaires de France, París, 2005

** Bootth-Kewley, S. & Friedman, H. S. (1987). Psychological predictors of heart disease: A quantitative review. *Psychological Bulletin, 101,* 343-362.

Friedman, M., Thoresen, C., Grill, J., Ulmer, D., Powell, L. H., Price, V. A., Brown, B., Thompson, L., Rabin, D., Breall, W. S., Bourg, W., Levy, R. & Dixon, T. (1986). Alterations of type A behavior and its effects on cardiac

Las personas que en su imaginación no conciben perdonar a alguien, muestran cambios en la presión sanguínea, en la tensión muscular y en la respuesta inmunitaria; sin embargo las que sí pueden imaginarse perdonando a su ofensor manifiestan, inmediatamente, una mejoría en su sistema cardiovascular, muscular y nervioso.*

Darnos cuenta cómo en años recientes siguen surgiendo investigaciones en las que se muestra la relación entre el perdón y la salud nos debe alentar a tomar la decisión de perdonar. Ahora sabemos que la falta del perdón, es decir, aferrarnos a la ira, al miedo o al dolor, tiene un impacto mesurable en nuestro cuerpo. La actitud de no perdonar produce tensiones que afectan nuestra psicoemotividad, de la cual dependemos para mantener el equilibrio; a la vez alteran la eficiencia de nuestro sistema inmunitario y afectan la circulación sanguínea de nuestro cuerpo, aumentando la presión de nuestro corazón, de nuestro cerebro y prácticamente de todos los órganos de nuestro cuerpo.** Nuestra capacidad de saber perdonar es un factor determinante para nuestra salud.

Tener una mejor comprensión de los aspectos científicos de la investigación que hay detrás del perdón nos puede ayudar a ser me-

recurrence in post-myocardial infarction patients: Summary results of the coronary prevention recurrence project. *American Heart Journal, 112,* 653-665.

Ornish, D., Brown, S. E., Scherwitz, L. W., & Billings, J. (1990). Can lifestyle changes reverse coronary heart disease? *Lancet, 336,* 129-133.

* Whited, M: C., Wheat, A. L. & Larkin, K. T. (2010). The influence of forgiveness and apology on cardiovascular reactivity and recovery in response to mental stress. *Journal of Behavioral Medicine,* 33, 293-304.

** Ibid.

jores como personas y como comunidad. Ojalá que a través de esa comprensión las instituciones educativas se decidan a enseñar a los jóvenes habilidades como el perdón, ya que aprenderán a manejar conflictos, no serán hostiles con los demás y aparte es una forma de promover la comprensión y el respeto entre los seres humanos.

Desde hace más de 60 años los psicólogos y los profesionales de la salud mental en diversos países comenzaron a debatir lo que significa para una persona el acto del perdón. Tanto Piaget como Behn llegaron a discutir cómo saber perdonar es el resultado del desarrollo de una ética correcta y de una capacidad de juicio moral, pero en realidad fue hasta hace 25 años, aproximadamente, que los investigadores empezaron a dedicar su energía, de una manera constante y seria, al concepto del perdón, lo cual ha demostrado que el tema no sólo es un área de interés para la investigación, sino para la práctica terapéutica la cual conlleva una enorme importancia para la salud del ser humano.

En 1994 se llevó a cabo en la Universidad de Wisconsin (EUA) en el Centro Madison, lugar donde se ha venido estudiando el tema del perdón a nivel científico desde 1985, una conferencia a nivel nacional sobre la importancia del acto de perdonar. En ella los clínicos y académicos en áreas tan diversas como trabajo social, psicología, psiquiatría, filosofía, sociología y derecho debatieron los puntos más destacados respecto al perdón.

Su primer consenso fue que si el perdón disminuye el resentimiento y la rabia, tan asociados con la ansiedad y con la depresión, así como con otros trastornos que son diagnosticables, entonces debe considerarse como realmente importante en el proceso de salud emocional y social, sobre todo si se toma en cuenta que ya se han logrado reunir los suficientes datos tanto clínicos como científicos para apoyar esta idea.

La investigación realizada en el Centro Madison y el trabajo clínico hecho en la Universidad de Filadelfia han acumulado evidencia sustancial respecto a la efectividad del perdón como una poderosa herramienta para resolver la rabia excesiva que se presenta dentro de una gran variedad de contextos sociales y trastornos emocionales.

Se puede afirmar, como primer punto, que el perdón ha demostrado ser efectivo en la reducción del enojo de una persona, de su ansiedad y su depresión; incrementando al mismo tiempo su sentido de esperanza y su autoestima.

Un segundo punto a considerar es que muchas personas se acercan a la terapia, como ya hemos mencionado, porque han sido víctimas de una injusticia y llegan a darse cuenta y a comprobar clínicamente que el perdón es una de las rutas más directas para poder trabajar con la rabia que sienten utilizando la fortaleza de este acto como una manera constructiva para sanar.

Como un tercer punto, y de gran importancia, es que los principios que mencionaremos en los capítulos 5 y 6, y que se manejan en la terapia del perdón, pueden aprenderse y aplicarse, ya que no son difíciles de realizar.

Más de 30 laboratorios de investigación han venido realizando programas durante varios años consecutivos. Tanto sus resultados como la investigación clínica, nos han mostrado que existe una relación muy importante entre la condición de bienestar de una persona y su capacidad para perdonar.

La mayoría de los investigadores, a lo largo de lo que ha sido su observación tanto clínica como científica, ha llegado a diferenciar con bastante claridad la disimilitud que existe entre perdonar y condonar los actos que no tienen realmente justificación por parte de otra persona. Inclusive, se ha mencionado que el término «disculpar» debería casi ser eliminado puesto que encierra, de alguna manera, que se le quite la responsabilidad al ofensor por el acto deleznable que ha realizado. También coincide en que el perdón es diferente a la reconciliación, la cual implica tener que continuar con una relación.

Ha sido interesante observar que la capacidad de perdonar puede variar como una función del estado de ánimo de la persona y de los eventos inmediatos a su alrededor. Si alguien se encuentra sumamente deprimido su nivel de perdón puede ser muy bajo, aunque, por otra parte, la tristeza y los estados depresivos se hacen aún más evidentes cuando siente que no ha sido perdonado o se ha estancado en el resentimiento. Como dato interesante cabe mencionar que la investigación ha revelado que para las mujeres resulta más fácil llegar a perdonar, ya que los hombres son más proclives a guardar rencor.*

El perdón es un proceso complejo tanto a nivel neurocognitivo como a nivel afectivo; tiene múltiples facetas y cada vez se le reconoce más como un aspecto muy importante de la psicoterapia y del cambio para nuestras conductas.

Un análisis neuropsicológico del perdón puede también ayudarnos a comprender los mecanismos específicos a través de los cuales el acto de perdonar puede contribuir a mejorar nuestro funcionamiento psicológico.

Cuando sentimos que hemos sido lastimados, en nosotros se despierta una respuesta de estrés que activa al sistema nervioso sim-

---

* Whited, M. C., Wheat, A. L. & Larkin, K. T. (2010). The influence or forgiveness and apology on cardiovascular reactivity and recovery in response to mental stress, *Journal of Behavioral Medicine*, 33, 293-304.

pático y crea una sensación de malestar e incomodidad, también genera una serie de sentimientos que podríamos llamar viscerales porque van acompañados de una alteración en la presión sanguínea y en el ritmo cardiaco como consecuencia de las hormonas del estrés.

Si este proceso negativo continúa la respuesta de estrés se incrementará y se retroalimentará por la actividad en el sistema nervioso simpático y la liberación de norepinefrina,* la cual puede llegar a alterar la plasticidad neuronal.**

Si la respuesta de estrés ocurre con frecuencia y sin ninguna intención de ser resuelta, podemos llegar a padecer consecuencias de efectos permanentes más severos como son la afectación del aparato cardiovascular y de los sistemas inmunológico y nervioso.

Toda esta perturbación lleva a nuestro cerebro a tratar de analizar las incongruencias para poder llegar a resolverlas, solución que ocurre a través de los procesos cognitivo/pensantes y afectivo/emocionales de los dos hemisferios. Eventualmente, estos procesos de la corteza cerebral, con ayuda de la neuroplasticidad y de las alteraciones neuronales, irán creando una visión diferente de quienes somos y de lo que puede ser nuestra identidad reconciliada y su relación con otras personas en el mundo.

Nuestro hemisferio derecho está íntimamente relacionado a nuestra creatividad para vislumbrar alternativas de solución a nuestros problemas. Perdonar nos ayuda a encontrar la resolución a

---

* Hormona estimulante que actúa aumentando la presión arterial por vasoconstricción.
** Comunicación entre las neuronas y la percepción que el cerebro tiene de los estímulos que recibe y proyecta.

nuestros conflictos internos y cuando esto ocurre hay una descarga que va a activar al sistema nervioso parasimpático, dando como resultado un sentimiento de descanso, satisfacción y felicidad ante un problema resuelto.

Desde el punto de vista de la fenomenología* el acto del perdón casi siempre es descrito como una especie de revelación, como una experiencia que está asociada con la habilidad de resolver problemas del hemisferio derecho y con la descarga eventual del sistema nervioso parasimpático. Este proceso también favorece una mayor actividad en el sistema límbico/emocional, tanto en la manera de proyectar hacia el exterior nuestros sentimientos positivos, como dirigiéndolos hacia el individuo que nos ha ofendido, iniciándose así el acto del perdón.

Generar sentimientos positivos nos trae efectos benéficos, ya que reduce el impacto destructivo de los cambios inducidos por el estrés que, generalmente, acompañan las incongruencias no resueltas. Estos efectos son mediados por el equilibrio que se establece entre el sistema nervioso simpático y el parasimpático.

Es muy importante hacer notar que el modelo de investigación neuropsicológica sugiere que el perdón puede traernos efectos benéficos en el cuerpo, ya que reduce el nivel de las hormonas del estrés y mejora los patrones de sueño. En otras palabras, perdonar y sanar puede ser que vayan de la mano; es muy poco fácil lograr una cosa sin la otra.

Un análisis neuropsicológico del perdón puede empezar a delinear para el hombre por qué el acto de perdonar es tan importante

---

* Ciencia de la filosofía que estudia y analiza los fenómenos proyectados a la conciencia y que podemos observar objetivamente.

como fenómeno humano tanto a nivel psicológico, como físico y espiritual.

El doctor Enright y su grupo de estudio sobre el desarrollo psicológico han recibido el crédito de realizar los primeros estudios experimentales sobre la investigación del perdón. Su teoría respecto a la relación entre la evolución del razonamiento y nuestra habilidad de perdonar fue modelada sobre la teoría de Kohlberg respecto a nuestra capacidad de razonar y el desarrollo de nuestra ética.

En cada una de las etapas del modelo de Kohlberg se puede percibir una equivalencia con las etapas de Enright. En la escala más baja está el deseo de venganza, y en las inmediatas se encuentran las del perdón vengativo y las del perdón restitucional. Ambas se manifiestan únicamente después de que la persona que nos ha lastimado ha sido sometida a un castigo que consideramos es el adecuado.

En un nivel medio de la escala, el perdón se da como formulismo para establecer una armonía social evitando así las presiones del entorno. Es solamente en el más alto nivel del modelo donde al perdón se le concibe como una actitud incondicional que va a promover sentimientos positivos y buena voluntad.

A través de la comparación entre los niveles del perdón de Enright y los niveles de conciencia ética de Kohlberg han surgido diversas investigaciones que han logrado demostrar que los padres y los hijos tienen una tendencia semejante a perdonar, por lo menos en lo que se refiere a situaciones dolorosas. Este resultado tiene para todos nosotros una gran implicación, ya que el perdón puede ser un valor que aprendemos desde pequeños, una especie de modelaje que hacemos de nuestros propios padres y de los principios con los que nos hayan educado. Lo importante es recordar que, a cualquier edad y bajo nuestra propia voluntad y libertad de elegir, podemos cambiar de actitud y modificar cualquier tipo de conducta.

Por otra parte, se ha observado que conforme avanzamos en edad se favorece nuestra tendencia a perdonar. Con los años perdona más fácilmente un adulto mayor que uno joven, lo que significa que la experiencia, la madurez y la capacidad de considerar toda nuestra realidad nos abre mucho más al perdón. Tal vez la soberbia de la adolescencia y de la juventud tiene que desvanecerse para que con madurez podamos entrar en una etapa de mayor humildad que nos permita reconocernos como seres frágiles, quebradizos, expuestos a cometer errores con otras personas como ellas los han cometido con nosotros.

Los estudios que se han llevado a cabo nos han revelado una serie de resultados sumamente interesantes:

- La capacidad para perdonar es un valor que se desarrolla y evoluciona y que, por lo tanto, se puede manifestar con mayor facilidad en las etapas de madurez; inclusive se ha llegado a observar que una proporción importante de personas en la tercera edad muestra tener una mayor voluntad de perdonar, independientemente de las circunstancias.
- El desarrollo de esta valiosa capacidad parece ser el mismo en casi cualquier parte del mundo.
- El ser más proclive a perdonar es alguien que estará fuertemente influenciado por el hecho de que la persona que la ofendió le pida perdón y abiertamente confiese su error, procurando también tener la intención de reparar el daño.

Estas condiciones parecen ser operativas a través de toda la vida con muy raras excepciones.

El estudio del perdón nos ha demostrado las posibles relaciones que existen entre esta habilidad/valor y la enfermedad, siendo los efectos sobre la salud física la frontera actual de la investigación en este tema. Ya existen algunos estudios que apuntan en esta dirección y que muestran cómo el perdón afecta a la salud del cuerpo de una manera positiva y no hacerlo de una manera negativa.

La terapia del perdón ha sido ya parte de exitosas intervenciones donde se contemplan aspectos multifactoriales para enfermos con serios problemas de salud tales como cáncer y enfermedades del corazón. Ya son muchos los especialistas médicos que en un momento u otro han recomendado a sus pacientes la práctica del perdón, puesto que los estudios apuntan a que este acto puede mejorar su salud.

A pesar de que aún no tenemos investigaciones con todas las variables controladas y medibles, ya existe evidencia de que el proceso del perdón está asociado con resultados positivos en la salud. Lo que sí está documentado es el hecho de que culpar a otros por nuestra infelicidad y la hostilidad crónica que algunas personas mantienen al negarse a perdonar, están asociados con resultados negativos.

Un ejemplo de lo anterior, como se ha demostrado, es que los pacientes con problemas cardiacos que culparon a otras personas por su ataque al corazón tenían mayor probabilidad de volver a tener un infarto en el futuro, a pesar de que otras variables tanto biológicas como psicológicas estuvieran totalmente controladas.*

Culpar a otros por nuestras desgracias, como de nuestros ataques al corazón o de nuestra incapacidad para concebir un hijo o de

---

* McEwen, B. S. & Stellar, E. (1993),Stress and the individual: Mechanisms to disease, *Archives of Internal Medicine*, 153, 2093-2101.
    Tennen, H. & Affleck, G. (1990), Blaming others for threatening events, *Psychological Bulletin*, 108, 209-232.

nuestro fracaso, está ya claramente asociado con una incapacidad para mantener un bienestar emocional y una buena salud física.

El análisis de diversas variables como la rabia y la hostilidad, a través de muchos años, han sido predictores de mortalidad, demostrando que los estados emocionales positivos, comparados con esas emociones negativas, producen una mejoría, una mayor competencia inmunológica, logrando reducir el pulso cardiaco, la presión sanguínea y la variabilidad respiratoria.*

Un ejemplo claro de este resultado es la demostración de que una emotividad fuertemente positiva nos lleva a una mayor sincronización del funcionamiento cardiovascular e inmunológico. Saber perdonar puede ser uno de los factores que promueva esta sincronización, ya que reduce la emocionalidad negativa y puede mejorar los procesos cognitivos que están asociados con una mayor compasión, comprensión y paciencia hacia otras personas.

La indefensión o desesperanza que vienen como consecuencia de sentirnos irremediablemente heridos y la creencia de que no hay nada que podamos hacer para cambiar o influir sobre un mejor futuro, ya que todo es culpa de otros, son sentimientos que anidan en aquellas personas cuya culpabilidad y rencor les impiden llegar a perdonarse a sí mismas por sus errores en el pasado, o a perdonar a otros por lo que les hicieron. Hay que resaltar que el sentimiento de indefensión ya ha demostrado ser predictor de una alta mortalidad en estudios que se han llevado a cabo durante varios años.**

---

* McCraty, R., Atkinson, Miller, W., Rein, G. & Watkins, A. (1995) The effects of emotion on short term power spectrum analysis on heart rate variability. *American Journal of Cardiology,* 76, 18089-1093.

** Seligman, Martin E., P., *Learned optimism, how to change your mind and your life,* Simon & Schuster, New York, 1998.

Algunos de los mecanismos fisiológicos que hacen posible esta conexión los mostró en su investigación el doctor Scheidt. Entre ellos están los efectos del sistema nervioso simpático, crónicamente hiperactivado y la hiperreactividad que se produce por la norepine-frina, ambos constituyen el mecanismo que da mayor apoyo a las razones por las cuales se obtienen los resultados que se han podido observar.*

En la medida en que baja la excitación crónica del sistema nervioso simpático, la demanda sobre el aparato cardiovascular se reduce, disminuyendo la presión sanguínea, el pulso cardiaco y la producción endógena (dentro del cuerpo) de lipoproteínas de baja densidad como es el colesterol LDL que puede promover, cuando es muy alto, problemas cardiovasculares y arteriosclerosis.

Algunos investigadores han demostrado que los pacientes con un nivel alto de isquemia silenciosa, o sea contracciones de corto plazo de las arterias coronarias, durante trabajos o labores muy estresantes, asociados con la excitación del sistema nervioso simpático, eran tres veces más propensos a llegar a sufrir un evento coronario mayor en los próximos cinco años, comparado con aquellos que tenían una menor reacción de estrés emocional.

Adicionalmente, la competencia inmune, o sea el incremento de nuestras células blancas que eliminan a las bacterias y virus, así como un incremento en las células T, responsables de coordinar la respuesta inmunológica celular, y de los macrófagos, que tienen la

---

* Scheidt, S. (1996), A whirlwind tour of cardiology for the mental health professional. In R.
   Allan & S. Scheidt (Eds.), *Heart and mind: The practice of cardiac psychology* (pp. 15-124).
   Washington, DC: American Psychological Association.

función principal de eliminar los cuerpos extraños que se introducen en el organismo, así como las sustancias de desecho de los tejidos, puede ser estimulada cuando la hiperactividad del sistema nervioso simpático se disminuye.

Recientemente el doctor Anderson demostró que en las mujeres que padecen cáncer de seno el estrés psicológico reduce las células macrófagas, las células T y su actividad, disminuyendo también la respuesta inmune a cierto tipo de proteínas.* Diversos factores demográficos y biológicos han sido sujetos a estudios de control, pero es el estrés psicoemocional el que sigue influyendo para reducir la competencia inmune a lo largo de varios meses.

Desde 1998 el doctor McEwen, en la Universidad Rockefeller, describió diversas enfermedades que pueden deberse a cambios fisiológicos inadecuados. En términos generales, el concepto de *alostasis*, que es y se refiere a los cambios fisiológicos adaptativos ante experiencias estresantes a lo largo del tiempo, sugiere que el perdón puede mejorar la salud al reducir la carga fisiológica excesiva que viene como resultado de experiencias estresantes que no han sido resueltas, tales como sentirnos lastimados y continuar padeciendo el dolor de una ofensa que responsabilizamos en otros.**

---

* Anderson, B. L., Farrar, W. B., Golden-Kreutz, D., Kutz, L. A., MacCallum, R., Courtney, M. E. & Glaser, R. (1998). Stress and immune responses following surgical treatment of regional breast cancer. *Journal of the National Cancer Institute*, 90, 30-36.

Spiegel, D., Bloom, J. R., Kraemer, H. C. & Gotthiel, E. (1989). Effect of psychosocial treatment on survival of metastatic breast cancer. *Lancet*, 14, 888-891.

** McEwen, BS. (1998). Protective and damaging effects of stress mediators. *New England Journal of Medicine*, 338, 171-179.

McEwen, B. S., & Stellar, E. (1993). Stress and the individual: Mecha-

Por lo tanto, cuando se incrementa nuestra capacidad para perdonar a otras personas o para pedir perdón o aceptar que se nos perdone, puede ser algo que nos ayude a reducir la cronicidad del estrés, puesto que se disminuye la rabia, la culpabilidad, los pensamientos vengativos y los sentimientos de frustración. Todo esto ha demostrado que se puede modificar la forma en que responde nuestro cerebro, nuestras coronarias y nuestro funcionamiento inmune.

El perdón puede estimular a que decrezca la excitación del sistema nervioso simpático, tanto en frecuencia y magnitud como en duración, dando como resultado, a lo largo del tiempo, menor riesgo de llegar a padecer una enfermedad física.

Para aquellos que dudan de la posibilidad de la relación entre el perdón y la salud del cuerpo, hemos de recordarles cómo es que esa relación ya se ha considerado como existente en la ciencia desde hace más de 25 años a través del surgimiento de la psiconeuroinmunología que ha comprobado cómo el estrés psicoemocional y psicosocial crónicos reducen nuestra competencia inmune, nuestra capacidad para contrarrestar el embate de virus y bacterias y, por supuesto, nuestra capacidad para responder favorablemente al reto que es vivir.

Todo esto tú y yo lo hemos podido constatar. Cuando piensas en alguien que te ha lastimado profundamente te aceleras (tu sistema nervioso simpático entra en acción para protegerte del peligro) y sobreestimulas tus órganos internos, en especial tu corazón, así como tus músculos lisos que son involuntarios y están en todos tus órganos internos, en tus vasos sanguíneos, en tu piel y en tus aparatos reproductor y excretor. Cuando cambiamos nuestro pensamien-

---

nisms to disease. *Archives of Internal Medicine*, 153, 2093-2101.

to y nos calmamos es el sistema nervioso parasimpático el que actúa. Ambos sistemas están en operación todo el tiempo.

Cuando aparece un peligro el simpático controla la acción en la respuesta del estrés; cuando nos relajamos es el parasimpático quien toma el mando. Por ello es que la práctica de la relajación será siempre un medio muy efectivo para evitar el daño que el estrés puede causarnos, como lo he explicado ampliamente en mi libro *Saber pensar*. Por ende, la relajación es un medio para poder pensar con mayor serenidad y poder caminar más fácilmente desde nuestro interior el proceso de perdonar.*

Todo lo dicho anteriormente nos explica por qué se ha podido mostrar cómo es que el perdón alivia nuestra salud física, ya que cuando pensamos en perdonar a algún ofensor este pensamiento nos lleva a mejorar el funcionamiento del aparato cardiovascular y de los sistemas nervioso e inmunológico.

En un estudio muy interesante que se llevó a cabo en la Universidad de Tennessee** se pudo observar directamente la relación entre el acto de perdonar y la salud. Se entrevistaron a 107 estudiantes que sentían haber sido lastimados profundamente por alguno de sus padres, por un amigo o por una pareja romántica. Mientras las entrevistas se realizaban se les pidió que recordaran el evento; se hicieron mediciones de su presión sanguínea, ritmo cardiaco, tensión

* La relajación más efectiva y fácil de aprender para este o cualquier otro propósito, y la que me permito recomendar es la relajación del Método Silva que cuenta con amplia validación científica y la que nos ha brindado los resultados más positivos en los talleres de *Saber perdonar* que he venido impartiendo durante los últimos quince años.

** Luskin, Fred, *Forgive for good, A Proven Prescription for Health and Happiness*, Harper, San Francisco, 2003.

muscular y sudoración. Se encontró que aquellos que habían perdonado tenían mejores resultados en sus parámetros fisiológicos que aquellos que no lo habían hecho; también se reportó que quienes sí habían logrado perdonar tenían muchos menos problemas en su salud física.

De igual forma, el estudio que realizó el doctor Luskin en la Universidad de Stanford, mostró que las personas que aprenden a perdonar reportan una mejoría en su salud en un periodo de seis meses.*

De la misma manera, las investigaciones realizadas sobre el perdón en la Universidad de Wisconsin reafirman que aprender a perdonar puede prevenirnos de enfermedades del corazón, sobre todo en la edad media de los cuarenta. Simultáneamente, los participantes que reportaban una incapacidad para perdonar tenían una mayor incidencia de padecer enfermedades cardiovasculares.

Por los resultados obtenidos podríamos casi afirmar que nuestra incapacidad de perdonar puede ser uno de los mayores predictores de problemas para nuestra salud, aun mayor que la hostilidad.

En un revelador estudio se mostró que el simple hecho de pensar en cualquier situación que te enoja durante cinco minutos puede causar alteraciones en tu pulso cardiaco, lo cual puede ser crítico para la salud. También se confirmó la depresión que esos cinco minutos causan en el sistema inmunológico, para comprobarlo tomaron muestras de inmunoglobulinas A en la salivación (son la defensa inicial contra los virus y bacterias antes de que penetren a nuestra sangre o se instalen en las mucosas), lo cual es una medida común para ayudar a determinar la capacidad de nuestra respuesta inmune.

* Ibid.

El resultado fue que en los sujetos enojados las inmunoglobulinas A disminuyeron entre cuatro y seis horas después de haber pasado el episodio emocional.*

Asimismo, encontraron que cuando los participantes pensaban en alguien que era importante y significativo para ellos, su cuerpo respondía con cambios físicos positivos tanto en el corazón como en sus defensas. Es importante resaltar que el acto de pensar/reflexionar en sentimientos positivos causaba que sus frecuencias cerebrales se armonizaran. Una frecuencia cerebral armonizada favorece la estabilidad para pensar con claridad y creativamente. Sin lugar a dudas, y como muchos investigadores lo afirman, cuando las personas saben perdonar toman siempre mejores decisiones.

Firmemente creo que saber perdonar las heridas y dejar atrás las culpabilidades y rencores de la vida puede ser uno de los pasos más importantes para llenarnos de esperanza, ya que nos hace sentir menos deprimidos y mucho más conectados espiritualmente con la vida, pero también es uno de los mejores recursos para mantener una buena salud física.

Por nuestra salud psicoemocional

La enorme mayoría de investigaciones recientes en el área clínica psicoterapéutica nos sugiere que el perdón tiene enormes beneficios, en especial para nuestra salud mental.

---

* W. Tiller, R. McCraty, y M. Atkinson, «Toward Cardiac Coherence: A New Non-Invasive Measure of Autonomic System Order», Alternative Therapies 2 (1996): 52-65.

Como se ha logrado demostrar, saber perdonar conduce a una mayor satisfacción en la vida de pareja, en las relaciones familiares y en el ambiente social. En contraste, las respuestas defensivas como son las fantasías de venganza; culpar siempre a otros por nuestros problemas o de hecho culpar a quien es culpable, pero sin dejar de apuntarle con el dedo, han sido respuestas asociadas con la psicopatología, con la criminalidad y, sobre todo, con una muy pobre recuperación del dolor que se ha padecido.

Igualmente estudiada por su importancia ha sido la capacidad de arrepentimiento por parte de una persona que ha cometido una transgresión. Este acto no sólo facilita el proceso del perdón, sino que también trae beneficios para la salud de la persona que se arrepiente. Arrepentimiento y perdón son piedras angulares de la sanación, tanto emocional como relacional para poder sanar heridas después de una ofensa.

Las enormes ventajas que saber perdonar tiene siempre han sido expuestas en la literatura filosófica y también religiosa a lo largo de los siglos, pero es a partir de la última década del siglo pasado que el concepto del perdón empezó a contemplarse e incluirse dentro del campo de la psicología.

Resulta curioso que la investigación sobre el tema no se hubiera hecho anteriormente, puesto que en el ambiente psicoterapéutico es muy común y frecuente encontrarse con pacientes que viven la ansiedad de este gran dilema: perdonar o no cuando confrontan heridas muy personales y muy profundas.

Ha habido diferentes formas de acercamiento respecto a los estudios dentro del campo psicológico que contemplan al perdón como un proceso de cambio: por una parte está el estudio de casos clínicos en consulta, la investigación fenomenológica y, por la otra, los estudios que con mediciones nos muestran resultados en sus análisis. Cada una de estas vertientes han ido añadiendo un mayor soporte a la gran hipótesis psicológica que nos dice que facilitar el perdón, en la intervención clínica, puede ser una forma muy efectiva de ayudarle a las personas a recobrarse de los efectos de heridas profundas a nivel emocional. Es importante resaltar que la mayoría de los investigadores está de acuerdo en que perdonar lleva tiempo y se asemeja más a un proceso que a un evento específico.

Entre los resultados que se han podido observar se ha podido concluir que el uso de estrategias cognitivas/pensantes y de estrategias conductuales ayudan a que la persona, en el inicio, ponga los límites adecuados para sí misma y en sus relaciones con los demás. Estas estrategias coadyuvan a que la persona maneje su emotividad de una forma más apropiada permitiéndole a la vez expresar e identificar sus reacciones de acuerdo al impacto de la herida que ha padecido.

La investigación nos ha demostrado que las emociones más comunes, asociadas con una aparente incapacidad de perdonar, son el miedo y la rabia; por ello es que saber manejar nuestra ansiedad y saber expresar y manejar nuestro enojo es verdaderamente indispensable.

Las investigaciones del doctor Luskin nos revelan que incrementar nuestra capacidad de perdonar nos ayuda a rescatarnos de la rabia y de la depresión mejorando así nuestra salud mental.

Saber perdonar nos exige dejar ir las expectativas irrealizables; percibir a nuestro ofensor con empatía; cambiar nuestra manera de vernos a nosotros mismos y tener la capacidad de crear una nueva forma de escribir nuestra experiencia, es decir, una nueva narrativa de vida.

Apoyados en la evidencia de la investigación podemos afirmar que el perdón juega un papel sumamente importante para el equilibrio de nuestra salud psicoemocional. Una de las revelaciones más trascendentes es la que nos muestra que saber perdonar es un principio que podemos promover a través de una mejor comprensión de nuestra emotividad y de nuestros valores espirituales. Los resultados comprueban que las hipótesis de las grandes tradiciones que dicen que el perdón tiene beneficios para el alma, tanto a corto como a largo plazo, son ciertas.

Los procesos psicoemocionales y espirituales que veremos en capítulos posteriores no siempre se dan de forma lineal pero transitan por diferentes etapas:

En caso de culpabilidad	En caso de resentimiento
El evento doloroso.	El evento doloroso.
Vergüenza, culpa y culpabilidad.	Quejarse, culpar o lastimar.
Devaluación de nuestra autoestima.	Cólera ante la otra persona a quien percibimos de manera totalmente negativa.
Enojo con nosotros mismos.	Expresión intensa de rabia.
Expresión de tristeza, temor o vulnerabilidad.	Expresión de tristeza, desconfianza y vulnerabilidad.
Autoaprecio y humildad.	Expresión de necesidades interpersonales.
Decisión de pedir perdón.	Decisión de perdonar.
Empatía.	Empatía y comprensión.
Resolución del perdón.	Resolución del perdón.

Saber perdonar se constituye en una decisión y actitud fundamental para nuestra vida, sobre todo ante las grandes epidemias de ansiedad y depresión.

La investigación sobre la depresión, en los últimos años, se ha enfocado, cada vez más, en utilizar un modelo que busque clarificar el cómo y el por qué algunas personas llegan a caer en depresiones clínicas, recayendo constantemente. Se ha observado que quienes así lo experimentan tienen como característica principal recordar con frecuencia los eventos negativos de su vida, episodios a los que psicológicamente se les llama «esquemas depresivos».

Actualmente se contempla a la depresión como una construcción psicosocial multidimensional que predice los resultados de la salud física con diversos componentes, tales como los prejuicios, la atención constante a los problemas, la memoria tóxica y el juicio.

Algunas investigaciones sobre la depresión nos sugieren que estar rumiando de forma crónica aspectos negativos, nos predice un nivel más elevado de negativismo en el estado de ánimo y en la conducta. Otros estudios han encontrado que la autoestima devaluada y un pobre autoconcepto están altamente asociados no sólo con el inicio de una depresión clínica, sino también con eventos de vida negativos a lo largo de los años.

Poner constantemente nuestra atención en situaciones dolorosas, rumiar pensamientos hostiles o de indefensión, puede evocar en nosotros rabia o emociones depresivas que se convierten en una especie de combustible para el rencor, así como para la violencia. Este tipo de procesos internos son los que colaboran en los estados depresivos que se mantienen activos y presentes en todos aquellos que tienen dificultad para perdonar, para pedir perdón o para aceptar las disculpas que se nos ofrecen.

A través de las pruebas psicológicas realizadas por el doctor Luskin, se ha logrado demostrar que por medio del perdón los índices de depresión se pueden reducir hasta en un 40 por ciento desde el inicio del proceso hasta el final.

Por otra parte, se ha podido establecer, a través de cientos de estudios, que existe una conexión entre la autoestima y el sentido de autoeficacia con el perdón. La evidencia nos muestra que el sentimiento de una buena autoestima y creer en nuestra capacidad para resolver nuestros problemas, influyen fuertemente en el esfuerzo que una persona hace para generar un cambio.

Si una persona tiene una buena percepción de sí misma para comprometerse en tomar los pasos necesarios para reducir su propia rabia hacia alguien que le ha ofendido, tendrá mucha mayor capacidad para lograrlo. Adicionalmente, una persona con una buena percepción de su autoeficacia, al confrontar un problema, tendrá una mayor cantidad de energía; persistirá durante más tiempo para hacer lo que se requiera y podrá adquirir un mayor conocimiento y habilidades, en comparación con alguien que tenga un pobre sentido de su capacidad personal.

Este sentir y una sana autoestima han demostrado ser una influencia poderosa que incrementa las posibilidades de que una persona logre el resultado que desea cuando emprende algo. La confianza en nosotros mismos nos da la percepción y el sentido de autocontrol.

Por otra parte, sentir que hemos perdido el control cuando alguien nos ofende, ha demostrado ser sumamente negativo para nuestro equilibrio psicoemocional; es por ello que debe considerarse una tarea importante afirmar nuestra percepción de control, lo cual favorecerá el proceso del perdón.

La autoestima y la autoeficacia nos dan la capacidad de afirmarnos a nosotros mismos y decirnos: «*Puedo pensar en esta ofensa y permanecer con calma... puedo asumir responsabilidad por los pensamientos de rabia que surgen en mí*». Se sabe que mantener la ira excesiva colabora en la prevalencia de los trastornos de tipo psicoe-

mocional a nivel clínico, esto nos debe alertar para encontrar en la
terapia del perdón un camino para reducir esa rabia.

Saber perdonar nos trae un sinnúmero de beneficios, incluyendo una disminución importante de síntomas depresivos y de ansiedad, así como también incrementa en nosotros el sentido de la esperanza, una mejor autoestima y una reducción en la preocupación
que hace que una persona se mantenga rumiando una ofensa.

Los beneficios observados a lo largo de más de 25 años de investigación clínica nos han llevado a constatar cómo es que a través del
perdón se mejora la estabilidad del ánimo, se reducen los comportamientos impulsivos, se mejora la habilidad de controlar la ira, se logra ser menos reactivo y se aprende a manejar la energía del enojo
creativamente.

Es obvio que todos estos resultados también nos muestran una
mejoría en nuestras relaciones, ya sea a nivel de pareja o de las relaciones familiares o sociales, así como una disminución de pensamientos obsesivos y conductas compulsivas.

De acuerdo a los resultados de toda esta investigación respecto
al perdón se perciben, fundamentalmente, cuatro fases diferentes:

- La primera podría llamarse de descubrimiento, en la que la
persona adquiere una mejor comprensión del daño que ha
podido padecer.
- La segunda, es la decisión, en donde la persona se compromete con el perdón y con la disposición de transitar por los pasos
que se requieren.
- La tercera es el trabajo, el cual conlleva un proceso de tipo
psicoemocional de reconocimiento de emociones, de desahogo y de manejo cognitivo/pensante.
- Y la cuarta, es el proceso espiritual que involucra la compren-

sión y encontrar un sentido al dolor. Una fase en que nos volvemos a conectar con otras personas, decreciendo la experiencia negativa y comprometiéndonos con el propósito de nuestra vida.

También nos parece de gran interés saber que una serie de investigaciones nos han mostrado la enorme ayuda que se les puede dar a los niños y a los adolescentes que han sido abandonados por sus padres, a través de la enseñanza del perdón.

De igual forma, se ha podido demostrar lo importante que saber perdonar es para las personas mayores que se sienten solas y descuidadas; para mujeres u hombres que fueron abusados sexualmente cuando eran niños; para personas que han sufrido la infidelidad de su pareja, etc. En cada uno de los estudios sobre este tipo de situaciones, las personas que han aprendido a perdonar han demostrado una mejoría en su funcionamiento físico y emocional.

Quien perdona reduce su nivel de ira, se siente menos lastimado, se torna más optimista, se convierte en una persona con una inclinación de mayor autoconfianza y a la vez más compasiva, ayudándose a sí misma a mantener una mejor salud psicoemocional.

Para tomar la decisión

Saber perdonar favorece nuestra interrelación en cualquier grupo social en el que nos movemos, mejorando nuestras relaciones interpersonales, ya que el proceso mismo del perdón será siempre indispensable para que nuestras relaciones sean sólidas y puedan fluir con el devenir del tiempo.

No pretendemos asumir que las personas que no perdonan a

otras o a sí mismas estén actuando enteramente por rabia o por soberbia, pero sí debemos apuntar que el miedo y la vergüenza pueden convertirse en grandes obstáculos, aun para aquéllas que en su interior sienten misericordia o de verdad se arrepienten.

Lo que podemos definir como «perdonabilidad» es una virtud que se refiere a nuestra disposición de ponerle un alto a la rabia que todos podemos sentir por haber sido lastimados. Una persona que perdona es quien tiene una mayor conciencia de las circunstancias que pueden mitigar su ira, que tiene un espíritu sensible al arrepentimiento de su ofensor y que ha desarrollado un manejo más inteligente de su emotividad, que a la vez que le impide reprimir sus emociones, le lleva a canalizarlas sabiamente.

Lo que la investigación nos ha demostrado es que para realizar el proceso del perdón, de una forma adecuada y efectiva, debemos contemplar ciertos contenidos. Lo primero es reflexionar en la ofensa, en la herida específica que hemos padecido. Lo segundo es reconocer abiertamente nuestros sentimientos, entre ellos la rabia y la tristeza. Lo tercero es ser conscientes de que perdonar debe considerar elementos tanto psicoemocionales como espirituales. En cuarto, está ser consciente de los beneficios que perdonar nos trae para tomar la decisión.

En mi experiencia personal de 30 años de trabajo con pacientes, y de más de 15 años de impartir talleres sobre el perdón, he podido constatar la revitalización de la esperanza, la capacidad de recapitular sobre la vida misma, y la libertad y la paz que se obtiene al perdonar. En este capítulo nos hemos apoyado en la investigación que afirma nuestra hipótesis de que la habilidad y la voluntad de perdonar puede ser una de las más importantes características de una salud positiva en general y de nuestro bienestar personal.

Entre los posibles mecanismos psicosociales que colaboran en nuestra calidad de vida, como resultado de saber perdonar, están la promoción de una mayor percepción de seguridad, una mejor autoevaluación positiva y un flujo de pensamientos optimistas que pueden desarrollar nuestra fortaleza para resistir el embate de los eventos sin que nos sintamos con frecuencia ofendidos. Estos mecanismos reducen la probabilidad de la ansiedad, la rabia, la hostilidad, la depresión o el sentimiento de indefensión; todos ellos factores que han mostrado, en un grado u otro, incrementar los riesgos de enfermarnos físicamente.

Hoy sabemos que el perdón puede fomentar una percepción más firme de autocompetencia y de autoeficacia para responsabilizarnos por tomar las decisiones necesarias que nos ayuden a reducir el impacto de las adversidades y la fuerza de los elemento patógenos que puedan llegar a enfermarnos.

Más allá de la enorme cantidad de estudios realizados y de la relación que se le ha atribuido al perdón con una mejoría de salud física, cientos de personas relatan cómo haber perdonado ha mejorado su salud sustancialmente.

Saber perdonar es una habilidad importante para manejar y sobrellevar el dolor inevitable de la vida donde, de una u otra forma, tendremos siempre que enfrentar frustraciones y ofensas, pero con la certeza de que el perdón nos provee de paz y libertad para vivir siempre bien a pesar de los pesares.

La ciencia, por supuesto, no es el único camino para comprender el proceso y el impacto positivo que el perdón puede tener en nuestras vidas. Tanto la filosofía como la teología tienen una historia mucho más extensa y antigua, así como una experiencia mucho más profunda respecto al saber perdonar que las ciencias de la conducta.

Saber perdonar mejora nuestro estado de salud no sólo porque reduce la hiperactividad del sistema nervioso simpático y los comportamientos que son de riesgo para la salud misma, sino que también, a través de una perspectiva más esperanzadora y optimista nos da mayor propósito y sentido de vida. Esta perspectiva siempre se nos ha procurado dar a lo largo de los siglos por la filosofía, como por las religiones, y por todas aquellas tradiciones que buscan la sabiduría. Lo importante es recordar que, independientemente de las creencias de una persona, el perdón es un valor que debemos practicar por nuestro propio bienestar.

Sin lugar a dudas, el perdón es un camino para vivir con un mayor sentido, con un mejor propósito y, definitivamente, con una mejor salud. Ojalá que lo que la investigación nos ha demostrado no sólo nos motive a tomar la decisión de perdonar, sino que también nos lleve a promover la educación del perdón que tiene un potencial enorme para prevenir o mitigar el dolor.

Si investigaciones como las del doctor Enright han demostrado que las personas que perdonan pueden disminuir su rabia, su ansiedad y la depresión, incrementando a la vez su autoestima y su esperanza ¿qué estamos esperando para tomar la decisión?

Para la vida y la evolución de cualquier tipo de relación, saber perdonar es lo que puede determinar su calidad. Por supuesto que no decimos que el perdón sea una poción mágica que sanará todos los problemas en una relación. Saber perdonar tiene un objetivo específico: ayudar a las personas a superar la culpabilidad y volver a sentirse libres; a ir más allá para sobreponerse al resentimiento, a la amargura e inclusive al odio hacia aquellas personas que los han tratado injustamente o, en ocasiones, hasta con crueldad.

Lo más importante del perdón es recordar que quien perdona es el que real y verdaderamente sana. El énfasis que la investigación ha puesto en nuestra capacidad de responder con bondad es vital para comprender lo que significa perdonar. A través del proceso del perdón y de llegar a una comprensión más compasiva de quien nos ha ofendido nos liberamos de los efectos tóxicos y negativos de nuestra propia rabia, que, aunque sea justificada, nos causa mucho daño.

Para llegar a perdonar debemos comprender exactamente qué es el perdón y con voluntad elegirlo como la mejor opción. Gran parte del trabajo, como explicaremos más adelante en otros capítulos, tiene que ver con el manejo de nuestros pensamientos y de nuestras emociones, así como con la espiritualidad que nos lleva a contemplar a nuestro ofensor desde otra perspectiva y a que los sentimientos de empatía puedan aflorar. Por lo tanto, podemos afirmar que el proceso del perdón es un camino maravilloso de transformación personal.

También vale la pena reconsiderar que en la medida en que somos capaces de perdonar a quien nos ha lastimado, maduramos y nos convertimos en personas menos reactivas en nuestras relaciones con los demás. Por otra parte, es importante recordar, como se ha demostrado a través de la investigación en la psicoterapia del perdón, que el valor de perdonar nunca será compatible con quienes desean ignorar la realidad de que hay actos correctos y otros incorrectos, o que la justicia puede cohabitar con la misericordia. En otras palabras, perdonar no puede correr paralelamente con un pensamiento que ignora la importancia y el peso que tienen los valores éticos y morales en todos nosotros.

Al reconocer que el perdón es un proceso no se puede predecir qué tanto tiempo requerirá una persona para perdonar. Tan sólo en la fase psicoemocional podemos permanecer desde un par de semanas hasta un par de meses, confrontando y trabajando nuestra rabia. Otros, sin embargo, se pueden mover mucho más rápidamente desde que toman la decisión.

Como sabemos por experiencia, y como la investigación nos demuestra, no saber manejar nuestra ira y nuestra culpabilidad es un factor muy significativo de riesgo para la salud. Aprender a perdonar se constituye no sólo en una virtud, sino también en una estrategia inteligente para resolver problemas, que nos ayuda a sanar física, emocional y espiritualmente.

Quien no se libera del lastre de la amargura terminará por sucumbir aplastado bajo su peso, se deprimirá con facilidad o desarrollará síntomas de enfermedades que no acertará a explicar. Somos responsables de nuestra salud, tomémonos el tiempo para preguntarnos si hay culpabilidad que hemos venido arrastrando o alguien a quien no hemos perdonado aún.

Saber perdonar es un signo de fortaleza y nunca de debilidad, es la decisión más inteligente que podemos tomar para mejorar nuestra calidad de vida.

EJERCICIO DE REFLEXIÓN

Hagamos un alto para reflexionar sobre lo que el perdón puede significar para nosotros y por qué es importante practicarlo. Te recomiendo que te relajes y, con la mayor honestidad posible, des respuesta a las siguientes preguntas. Contestarlas te ayudará a tomar nota de aspectos que pueden estar influyendo en tu salud.

Por nuestra salud física

Algunos de nosotros ni cuenta nos damos de las culpabilidades y rencores añejos que hemos acumulado y nos están causando daño. Por ello, y reconociendo que nuestro estado emocional influye sobre el cuerpo, todo problema de salud grande o pequeño, es una oportunidad para mirar adentro. Ante los primeros síntomas de enfermedad es útil reflexionar sobre las siguientes preguntas:

¿Me siento culpable por algo?

_____

_____

_____

¿Me ata a alguien el resentimiento?

_____

_____

_____

¿Me traería beneficios perdonar a alguna persona?

_____

_____

_____

¿Hay algo que necesito aceptar o dejar ir en mi vida?

_____

_____

_____

¿Hay viejas heridas emocionales que me piden a gritos ser sanadas?

_____

_____

_____

¿Me estará diciendo el cuerpo que ya es hora de decir «NO» a ciertas situaciones y poner límites?

_____

_____

_____

¿Me estará diciendo el cuerpo que ya es hora de cambios en mi vida y de decir «SÍ» a nuevas experiencias?

_____

_____

_____

¿De qué manera se afecta mi cuerpo cuando sufro una ofensa, tengo un conflicto o me siento culpable?

_____

_____

_____

Por nuestra salud emocional

¿Qué espero aprender de lo que me ha ocurrido?

_____

_____

_____

¿Por qué esta o aquella persona me enoja tanto o me causa tanta ansiedad o tristeza?

_____

_____

_____

¿Cómo me siento al tener que dejar ir mis heridas?

_____

_____

_____

¿Cómo me siento respecto a lo que puede venir más adelante?

_____

_____

_____

¿Qué he aprendido de las personas que me han lastimado?

_____

_____

_____

Imagina que por completo dejas ir y perdonas… ¿Qué se siente?

_____

_____

_____

Para tomar la decisión

¿Quiero seguir estando en esta situación dentro de un año?, ¿dentro de diez?

_____

_____

_____

¿Acaso no es dejar atrás el sentimiento de abandono y desilusión lo que deseo, en vez de quedarme atrapado en él?

_____

_____

_____

¿Cuántas veces más debe sucederme algo así antes de aprender la lección?

_____

_____

_____

3

¿Qué es lo que nos impide perdonar?

«El mayor obstáculo para perdonar es una falta de comprensión de lo que es y lo que no es el perdón.»

RAR

Muchas personas luchan intensamente consigo mismas por llegar a perdonar y se cuestionan el por qué, a pesar de sus buenas intenciones, parecen no lograrlo. La respuesta a esa interrogante está en nosotros mismos, ya que de acuerdo a lo que pensemos que el perdón significa o lo que conlleva como consecuencias, nos podremos facilitar o dificultar el camino.

Hay momentos en que nos puede parecer casi inadecuado decirle a quienes han vivido terribles experiencias que deben perdonar o que carecen de fortaleza interior si no lo hacen, pero nadie puede juzgar el camino del perdón que otra persona debe recorrer, lo que sí es cierto es que todos algún día tendremos que transitar ese camino.

Hay quienes están tan dolidos que les puede llevar mucho tiempo empezar a contemplar la posibilidad de perdonar y cambiar de rumbo porque, sin lugar a dudas, el perdón nos cambia la vida. Pero si queremos seguir plenamente vivos, practicarlo es muchas veces nuestra única alternativa, y las preguntas que nos debemos hacer son: *¿Por qué nos detenemos en ese camino?, ¿qué es lo que nos impide tomar la decisión?*

Algunas veces no perdonamos por las historias familiares que nos son transmitidas de generación en generación, respecto a resentimientos, conflictos y amargura que han existido con otros miembros de la familia. En otras ocasiones, tal vez, no llegamos a tomar la decisión de perdonar porque consideramos que al no haberse cumplido nuestras expectativas respecto a una situación o a la relación con alguna persona, nuestras ilusiones y sueños han quedado irremediablemente desvanecidos. Tendríamos que recordar, cómo nos lo dijo Dietriech Bonhoeffer, teólogo cristiano, que: «*Siempre es posible tener una vida realizada aun cuando haya muchos deseos no realizados*».

Como ya hemos mencionado en capítulos anteriores, al no decidir dejar el pasado atrás nos vamos cerrando a la vida en el presente; podemos reconocer esa intrusión tóxica del ayer cuando alguna situación aparentemente insignificante nos pone rabiosos.

Cuestionar no sólo lo que sucedió, sino la memoria que tenemos al respecto, es lo que nos puede permitir llegar a resolver esos conflictos que siguen interviniendo en nuestra vida. Si no perdonamos nunca podremos resolver nuestro propio pasado, nos mantendremos prisioneros de esas viejas heridas y, sobre todo, de ese miedo que estamos perpetuando.

En ocasiones nosotros mismos dificultamos nuestro camino al perdón por pensar que el daño que se nos ha causado es el resultado de propósitos malignos de quien nos ha lastimado, sin embargo, debemos recordar que las personas pueden herirnos por diversas razones:

- Accidentalmente y sin querer.
- Porque coincidimos en estar ahí, con ellos, cuando pasaban un mal momento.
- Porque nuestras actitudes o algo que dijimos disparó en ellos la memoria de una herida en su pasado.
- Porque buscan desquitarse del dolor que tienen y nosotros hemos estado ahí.
- Por ninguna razón.

Pero aún cuando alguien nos ha lastimado a propósito, lo más probable es que crea que eso es lo que tenía que hacer para defenderse o para, de acuerdo a su propia visión, poner las cosas en orden.

Muchas veces son nuestras ideas irracionales las que nos impiden perdonar; sentir que la gente y el mundo siempre deben ser justos, algo que nos parece indispensable para afirmar nuestros valores, ya que si no los afirmáramos de esa forma nuestros conceptos éticos no tendrían razón de ser.

Todos tenemos una escala de valores por la cual vivimos, una serie de reglas que gobiernan nuestro comportamiento y, sobre todo, normas que esperamos que otros respeten y por las cuales rijan su conducta. Cuando ese código se quebranta nos deja con un profundo sentimiento de injusticia, pero la realidad es que el mundo no es justo, nosotros somos quienes lo administramos y todos cometemos errores.

Sin lugar a dudas, una de las realidades menos fáciles de aceptar en la vida es que no siempre obtendremos justicia, que algunos hechos malos pasan sin que el perpetrador obtenga castigo. Esta realidad es dolorosa, pero nuestro pensamiento irracional de que el mundo tiene o debe ser justo nos causará siempre mucho más sufrimiento, sólo admitir la verdad como es, nos liberará.

Cuando por fin nos damos cuenta que por estar esperando justicia a la única persona que realmente castigamos es a nosotros mismos, tomamos conciencia de que la justicia que está en nuestras manos alcanzar llega cuando dejamos ir la herida y no permitimos que la memoria del evento y de las personas nos sigan lastimando.

Si ante las graves ofensas decimos que los hechos están más allá de nuestro perdón, porque son imperdonables, le damos el poder al ofensor para que nos domine toda la vida y quedaremos atrapados en el doloroso recuerdo de nuestro pasado. Cuando nos rehusamos a perdonar entregamos el poder a otros para que nos sigan lastimando; ese poder de vida sólo es nuestro cuando en nuestro corazón herido podemos hacer que nazca la esperanza y la paz, lo cual únicamente es posible a través del perdón.

Por otra parte, en ocasiones pensamos que ignorar los hechos es lo que hace posible que desaparezcan, pero no es verdad, ignorar la realidad no la cambia y mucho menos en nuestro interior; por ello, mientras no enfrentemos la realidad como es, tampoco nos estaremos moviendo en dirección del perdón.

Otro impedimento que puede cruzarse en nuestro camino es que equivocadamente suponemos que perdonar es el equivalente a la reconciliación, pero tampoco es verdad. Podemos llegar a perdonar condicionando una reconciliación, como lo veremos en el capítulo 7, e inclusive podemos perdonar de verdad desde el fondo de nuestro corazón y alma, y nunca reconciliarnos.

Algunas personas no perdonan, porque al sentirse víctimas consideran que el perdón es una manera de borrar la deuda y con ello sienten que pueden correr el riesgo de convertirse en seres vulnerables y ser heridos de nuevo. Estas personas suelen pensar ¿interpretarán mis ofensores esta respuesta de perdón como una especie de licencia para que sigan haciendo más de lo mismo, para que puedan seguirme lastimando?

Antes de que cualquiera de nosotros pretenda contestar a esta pregunta debemos hacer notar un fallo potencial en este tipo de lógica, y ese fallo es el de asumir que una víctima puede llegar a controlar el comportamiento futuro de un ofensor. Algunas víctimas pueden llegar a creer que si se rehúsan a perdonar, tendrán una especie de ventaja en términos de influir sobre quien los lastimó para que no lo haga de nuevo.

Por supuesto, en algunos casos, las víctimas podrán dilatar su perdón, especialmente en relaciones que son muy cercanas donde pueden llegar a inducir mucha culpabilidad en la otra persona. Pero, en última instancia, la decisión de un ofensor respecto a si vuelve a cometer un acto ofensivo estará basada en muchos otros factores tales como su propio autocontrol; la percepción que tenga de que sus actos pueden procurarle una recompensa y el deseo que sienta de no volver a lastimar. La respuesta de la víctima, la forma en que nosotros reaccionamos, aunque puede ser potencialmente importante en ciertas circunstancias, es tan sólo un factor entre otros muchos.

¿Qué podemos perder si perdonamos? En ocasiones lo que perdemos es nuestra fachada ante el mundo, ante aquello que pensamos que nos protege, pero el desgaste de mantener esa guardia puede aniquilar nuestra vida entera. Hay momentos en que para perdonar tenemos que dejar ir esa falsa identidad y atrevernos a abrir la posibilidad de cambio, recordando que perdonar a alguien no significa que no podamos tomar medidas para protegernos.

Por otra parte, no podemos negar que, en ocasiones, tanto para perdonar como para pedir que se nos perdone lo que nos impide transitar el proceso es nuestro propio narcisismo, que se ha definido

como una especie de autoadmiración que se caracteriza por una tendencia a generar ideas grandiosas, exhibicionismo y defensivismo
como respuesta a la crítica; esta tendencia en las relaciones interpersonales se caracteriza por hacernos sentir que tenemos derecho sobre el otro, incluso hasta explotarlo y a no empatizar con él.

De acuerdo a la perspectiva psiquiátrica, el narcisismo constituye un patrón, una construcción mental interna de grandiosidad que
se manifiesta ya sea en la conducta o en la fantasía, así como en una
carencia de empatía y una hipersensibilidad a la crítica; es un sentir
que se tiene derecho a todo, a privilegios especiales, nos los hayamos
ganado o no.

El narcisista es una persona demandante y egoísta; espera obtener favores especiales sin asumir una responsabilidad recíproca y
expresa sorpresa y enojo cuando otros no hacen lo que quiere; la
falta de empatía se refleja en su dificultad para reconocer los deseos,
necesidades y sentimientos de los demás. Inclusive, cuando los llega
a reconocer, los desprecia como señal de debilidad de carácter.

Otras características asociadas al narcisismo incluyen la vulnerabilidad de la autoestima y una hipersensibilidad ante el error o la
humillación. Como se ha visto en la investigación clínica, y por diversas razones, las personas narcisistas pueden llegar a tener una
gran dificultad tanto en otorgar como en pedir perdón.

El mejor antídoto contra este tipo de actitudes es, sin lugar a
dudas, la humildad, la cual nos permite mantener nuestros éxitos y
cualidades en mejor perspectiva. Cuando en nuestra vida y en nuestro interior se da lugar a la empatía y se cultiva la humildad, el perdón será siempre una respuesta natural a los contratiempos que la
vida nos da. Esta relación entre humildad, empatía y perdón ha sido
ya empíricamente confirmada en una serie de estudios clínicos.

A pesar de que la humildad equivale en la mente de algunas

personas a una especie de sumisión pasiva y a una baja autoestima, en realidad es la antítesis de ese tipo de actitudes, es la disposición de vernos a nosotros mismos como iguales de cualquier otra persona, a pesar de que puede haber diferencias objetivas como la belleza, la riqueza, las habilidades sociales, la inteligencia o cualquier otro recurso. Ser humildes no significa tener una pobre opinión de nosotros mismos, sino saber que no somos ni mejores ni peores que los demás. La humildad es la gran virtud que nos permite contemplar nuestros propios talentos y logros en perspectiva, y manifestar siempre agradecimiento por la gratuidad con la que nos fueron dados.

La humildad está ligada a muchos de nuestros resultados personales e interpersonales. En el área de la salud la investigación nos ha demostrado que la falta de humildad, el egocentrismo excesivo, que se encuentra en el narcisismo, es un factor de riesgo para las enfermedades coronarias. Por lo tanto, no debe sorprendernos que la humildad desempeñe un papel significativo en el proceso del perdón.

Varias investigaciones han apuntado a que nuestra dificultad para perdonar puede también involucrar algunos rasgos de nuestra personalidad, como un sentir exagerado de que se nos debe algo, complejos de superioridad, arrogancia, hipersensibilidad extrema a la crítica, y una gran rapidez para la ira y para las ideas vengativas. Debemos tener claro que las personas narcisistas generalmente van a presentar características que les impiden, en muchas ocasiones, favorecer el proceso del perdón.

También resulta sumamente interesante, como se ha podido constatar, que en la medida en que nos alejamos de los extremos de la personalidad A o de la personalidad C y nos acercamos al tipo B en nuestro comportamiento, esto favorecerá las características más asociadas con la capacidad de perdonar.

La personalidad A es muy pronta a la agresión, se acelera con facilidad, es impaciente, todo lo quiere para ahorita y mejor aún para ayer. Por otra parte, la personalidad C implica una personalidad que se reprime que, como se dice por ahí, lleva la procesión por dentro, y nunca llega a expresar qué es lo que en verdad quiere o no quiere, le importa o no le importa. Para acercarnos al tipo B, que representa el balance, es muy importante que favorezcamos la relajación, la serenidad y el desarrollo de una espiritualidad profunda que nos provee de una paz capaz de solventar las grandes tormentas.

La investigación sobre la relación que existe entre el tipo de personalidad y el perdón también nos recuerda y nos promueve la conciencia de que los cambios en nuestra conducta psicosocial, tales como aprender a perdonar o a no ofendernos tan fácilmente, pueden tener una consecuencia muy significativa en nuestra salud física.

Podemos pensar que al perdonar estamos dejando, de alguna manera, que la otra persona se salga con la suya o que hacerlo significa forzosamente reconciliarnos y seguir con una relación que nos ha lastimado muchísimo. Puede ser que aún estemos preguntándonos: *¿Por qué alguien ha sido tan cruel?*, y no creamos que aprender a perdonar nos ayude a encontrar esa razón. Si cualquiera de estas ideas te hace sentir como te sientes, no eres el único, ni estás solo. Confrontamos este tipo de situaciones a cada instante, pero en el fondo se deben a que no hemos comprendido totalmente lo que es y lo que no es el perdón.

Hábitos de pensamiento

Uno de los primeros obstáculos que se nos presentan en nuestro camino para perdonar y que nos puede llegar a impedir lograrlo, es nuestro esquema cognitivo que nos puede haber generado ciertas creencias que no nos permiten concebir las cosas de otra manera.

Desarrollar un esquema psicológico que facilite el perdón requiere de esfuerzo, ya que estamos muy apegados a nuestra forma de pensar, y retar a nuestros hábitos de pensamiento de toda la vida es una labor heroica.

Algunos de estos hábitos son:

- Pensar «*Yo no merezco ser feliz*». Algunas personas tienen la creencia de que estamos en este mundo para padecer, y que el amor sin sufrimiento no puede existir. Esto sucede típicamente en las relaciones de codependencia, las cuales permitimos que se den por los sentimientos inconscientes de inferioridad o de miedo que han minado nuestra propia autoestima.
- Pensar «*Me la deben*». Hay quienes por viejos rencores, y la consecuente amargura que padecen, no van por la vida buscando a quien se las hizo, si no a quien se las pague. ¿Puede la gente deberte algo cuándo no lo tiene para dártelo? Tristemente hay quien se puede pasar la vida entera esperando que se la paguen y puede ser que nunca sea así. Como ya hemos visto, la realidad es que el mundo muchas veces no es justo.
- Creer que «*Mis emociones me manejan*». A pesar de toda la investigación que hoy existe sobre la inteligencia emocional, sigue habiendo personas que piensan que sus emociones son demasiado poderosas, mucho más que su voluntad y suelen afirmar frases como: «*Es que el sentimiento es más fuerte que yo*». Si nos dejamos llevar por nuestros crudos sentimientos, probablemente nunca perdonaremos.
- Pensar «*Espero que sea fácil*». Si perdonar es un proceso es

evidente que requerirá de tiempo. Bien sabemos que en todas las áreas del quehacer humano, el éxito precisa de esfuerzo planeado y consistente. Perdonar no es tan fácil como quisiéramos pensar, necesita de esfuerzo y determinación.

Por otra parte, para algunas personas el odio se ha convertido en un hábito de pensamiento y sentimiento recurrente y, ciertamente, los hábitos no se cambian de un día para otro; por ello perdonar requiere determinación para poder cambiar estos hábitos internos que nos pueden bloquear a la apertura de espacios de perdón en nuestra vida.

Muchos de nosotros quedamos atrapados en este tipo de hábitos por recontar una y otra vez, en cada oportunidad y a quien se sienta a escucharla, nuestra historia de dolor y resentimiento. Hay quienes creen que con ello castigan al ofensor, que exponerlo en toda su maldad es equivalente a darle el castigo que merece. La realidad es que al único que castigan es a ellos mismos, pues estarán reabriendo una y otra vez la herida.

Con estos hábitos de pensamiento somos nosotros quienes, en muchas ocasiones, agravamos el problema, ya sea por estar pensando en él constantemente o por crear el sentimiento, como resultado de lo que pensamos, de total indefensión ante lo que nos ha acontecido. Al dar un espacio tan grande en nuestra mente al problema o a nuestro negativismo de pensar que las cosas no pueden ni deben resolverse, nos parecerá que no hay nada más a nuestro alrededor ni otras posibilidades para vivir.

Las historias de dolor de nuestra vida describen las situaciones dolorosas que hemos transitado pero de las cuales no nos hemos sanado. Esas historias siguen lastimándonos porque al repetirlas una y otra vez se enciende nuestra ira y el sufrimiento se reaviva.

Se pueden reconocer nuestras narraciones de dolor cuando al pensarlas o relatarlas sentimos, inclusive, síntomas físicos como falta de aire, «murciélagos» en el estómago, sudor en nuestra frente o en la palma de nuestras manos, lágrimas en los ojos, etc.

Nuestras narrativas de resentimiento son las historias que recontamos cuando pretendemos explicarle a un amigo por qué nuestra vida no funciona de la manera en que debería funcionar y como nosotros esperábamos. Son las historias que contamos para justificar porque nos sentimos infelices y enojados.

Los hábitos de pensamiento que hemos mencionado son los que, en muchas ocasiones, hacen que una persona que ha sufrido una herida, una pérdida o una situación dolorosa, convierta esa historia en una narrativa de dolor y no llegue a librarse de ella. Estos hábitos mentales hacen que nuestros problemas se vean más grandes. Estas formas de pensar nos llevan al resentimiento y se deben, en gran parte, a que tratamos de imponer reglas que en el fondo nadie va a poder cumplir.

Convertirnos en personas rígidas que imponemos reglas hasta por las más «pequeñas pequeñeces» hacen que con facilidad caigamos en historias de dolor, sintiéndonos siempre lastimados por los demás. La rigidez nos lleva a una terrible falta de tolerancia que exige de los demás un comportamiento que nadie puede llegar a cumplir satisfactoriamente.

Cuando tratamos de imponer este tipo de reglas, sin querer vamos creando en nuestra mente castigos para compensar lo que las personas hacen equivocadamente de acuerdo a esas reglas. Si por desgracia nuestra norma no puede cumplirse, a la única persona que terminamos lastimando es a nosotros mismos, ya que llegamos a las más grandes frustraciones cuando las cosas no se dan de la manera en que nosotros hubiéramos querido. Todo esto nos lleva a enojarnos con facilidad y a crearnos una sensación de impotencia porque sentimos que no podemos corregirlas.

Tratar de imponer nuestras reglas hace que nuestra vida se dificulte terriblemente ya que, como dicen algunos autores, hay tanta probabilidad de obligar a que se cumplan nuestras absurdas reglas, como la probabilidad de sacarle sangre a una piedra.

¿Has intentado alguna vez en tu vida obligar a alguien a hacer algo que no quiere hacer? ¿Qué tanto éxito alcanzaste? ¿Has tratado de obtener lo que necesitabas de una persona que no tiene la voluntad de ayudarte? ¿Qué tanto éxito lograste?...

Cada uno de estos deseos, tan normales como pueden ser, son un ejemplo de tratar de aplicar una regla que no será realmente cumplida. Tratar de cambiar lo que no puede ser cambiado o de influir en aquellos que no desean esa influencia nos lleva sólo a la frustración y al distrés emocional.

Detrás de algunos de nuestros rencores existen reglas incumplibles. El hecho de sentirnos enojados o de reprimir la rabia, constituye un indicador de que estamos tratando de imponer alguna de estas normas. Una de las razones por las cuales no llegamos a aceptar la realidad de lo que nos sucede es porque, tal vez, nos hemos quedado atrapados en esa obsesión de tratar de imponer una regla que los otros no pueden o no están dispuestos a cumplir.

El doctor Luskin hace una extraordinaria analogía de este tipo de situaciones. Cuando una persona se ha caído por la borda de un barco y siente que se está ahogando procura aferrarse a la cadena del ancla; entonces tratará con todas sus fuerzas de seguir respirando al sentir que se ahoga, y mientras lo hace se quejará pensando: «*¿Por qué no se ha detenido el barco, si yo estoy jalando de la cadena?*».

¿Qué es una regla incumplible? Es la expectativa que tenemos de que las cosas deben hacerse de acuerdo a lo que nosotros deseamos o de cómo alguien debe comportarse, situaciones sobre las cuales no tenemos ningún poder. Tratar de forzar un hecho sobre el cual no tenemos control es un perfecto ejercicio de frustración; tratar de obligar a alguien a que sea justo o a que nos trate adecuadamente es un hecho que en forma directa no depende de nosotros.

Muchas veces no nos detenemos a examinar qué reglas incumplibles hemos tratado de imponerle a los demás, y que son el resultado de nuestros hábitos de pensamiento. Por supuesto, en ocasiones el comportamiento de otras personas no es aceptable; sabemos que hay quienes actúan irresponsablemente, maltratan a los demás, descuidan sus obligaciones, etcétera. Pero tratar de aplicar reglas incumplibles a lo único que nos lleva es a sentimientos de impotencia y de enojo.

Vivir en el permanente reclamo hacia alguien por lo que hace, nos impide tomar acción constructiva para buscar cambios que nos lleven a aclarar situaciones o a terminar con relaciones que nos están causando profundo daño.

Mucho de nuestro sufrimiento viene de no querer aceptar la verdad de nuestras vidas. Vivimos con personas que tienen ciertas características, por lo tanto, siempre tendremos la posibilidad de aprenderlos a amar o de darnos cuenta que nunca van a poder satisfacer las reglas que tratamos de imponerles. Ante estas situaciones algunos de nosotros, en vez de tomar una acción constructiva buscando diálogos fructíferos o poniendo límites claros, seguimos tratando de obligar a que se cumplan nuestras normas.

La causa de muchas de nuestras frustraciones son nuestras propias expectativas, es decir, en ocasiones le estamos pidiendo peras al olmo y las reglas incumplibles van distorsionando nuestro juicio. Procuramos, con tal intensidad, que esas reglas se cumplan y no nos damos cuenta del daño que pueden causarnos. Por ende, paralizamos nuestra capacidad de amar y hacemos todo tipo de cosas que nacen de un pensamiento distorsionado, de un espíritu que se siente herido y enojado, lo que nos aleja cada vez más de resolver la situación, ya que ni siquiera nos preguntamos si las reglas que hemos establecido pueden cumplirse o son ajenas a la forma de ser de la otra persona para que se puedan cumplir. Debemos reconocer que algunas de nuestras expectativas pueden estar fuera de la realidad.

Debemos percatarnos que hay momentos en que al estar involucrados en situaciones difíciles queremos que los demás se comporten de una manera que está fuera de su alcance. Necesitamos claridad y usar nuestra inteligencia, algo que no es posible cuando nuestros pensamientos están llenos de rabia porque nuestras reglas no se cumplen. Por supuesto, resulta muy poco fácil terminar con una relación, pero habrá momentos en que esa sea la mejor alternativa y no tratar de imponer normas que las otras personas no podrán cumplir.

No es lo que anhelamos o nuestras esperanzas lo que nos genera problemas, o sea el deseo que tú y yo podemos tener de encontrar amigos afectivos, apoyo en la familia, parejas que nos acompañen a lo largo del camino, situaciones que apreciamos como importantes para nuestra felicidad. Pero el problema surge cuando demandamos de esas personas que sean de la manera en que nosotros queremos que sean. Lo que aquí me permito sugerir es que debemos ser realistas y que aceptemos el hecho de que las personas sean como son, que en ocasiones nos pueden ofender, pero que en algunos momentos podemos aprender a vivir con ellas tal y como son. Sin embargo, cuando esas ofensas se convierten en injusticias y en maltrato podemos elegir romper una relación. Ojalá que decidamos por doler menos, sufrir menos y perdonar más.

Modificar nuestros hábitos de pensamiento nos aleja de la rigidez, nos vislumbra otras alternativas de sentir, y nos acerca más a la realidad de las personas con quienes nos relacionamos y a la propia. También nos impulsa a perdonar y a amar con aceptación y tolerancia o bien a perdonar y terminar con lo que es francamente intolerable.

Lo que no es perdonar

Existen personas que pueden pensar que al otorgar el perdón se exponen a ser sometidas a los mismos abusos y heridas, pero esto es completamente falso, siempre y cuando se entienda con claridad lo que es y lo que no es el perdón.

Algunos de los conceptos que tenemos del perdón pueden estar limitando nuestras posibilidades de perdonar; por ello es conveniente que tengamos claridad de lo que **no** es el perdón.

No es olvidar

El que espera llegar a olvidar para poder perdonar no lo logrará jamás. El perdón nada tiene que ver con la memoria; hay quienes afirman que mientras no olvides, no perdonarás pero esto es un absurdo. Nuestro cerebro registra todo y más aún cuando la experiencia se graba con un alto contenido emocional, como suele suceder en las experiencias dolorosas.

Perdonar es un proceso que lleva tiempo, pero sabremos que lo hemos logrado cuando finalmente podemos recordar la herida sin sentirnos perturbados y sin querer venganza, cuando, al contrario, le deseamos el bien a quien nos lastimó. El tiempo que nos lleve llegar a esto es proporcional a la intensidad de nuestro dolor.

El perdón nunca debe ser equivalente al olvido puesto que si lo fuera no podríamos aprender la lección que nos debe dar toda experiencia y correríamos el riesgo de que la ofensa se repitiera una y otra vez. Perdonar nos fortalece y ayuda a crecer, olvidar significa arrojar por la ventana lecciones valiosas.

Por cometer el error de pensar que perdonar significa olvidar, muchas personas creen que nunca podrán hacerlo. Es como si lo que aconteció necesitara ser borrado de la memoria; sin embargo el que nuestra vida funcione, se fundamenta en nuestra habilidad para recordar las cosas. Ser conscientes del pasado es lo que nos permite dejarlo ir, aprender de él y traerlo a la memoria sin que nos cause dolor.

Pretender olvidar el pasado nos expone a que las historias se repitan, recordarlo es lo único que nos permitirá honrarlo para no perder todo lo bueno que sí nos dio, para mantener siempre un sentido de gratitud y para aprender del mal que nos pudo haber causado. Tener memoria no sólo nos permite ese aprendizaje, sino que también, por lo aprendido, nos permite cambiar el futuro.

Algunas personas parecen obsesionarse con lo que les sucedió, pero una obsesión no es lo mismo que el recuerdo de los hechos y de sus consecuencias tal y como realmente fueron. Sin la decisión de perdonar nosotros mismos convertimos nuestras memorias en una pesadilla. Al procurar recordar los hechos tal y como en realidad fueron, nuestra memoria puede transformar el estiércol en fertilizante. En este sentido, perdonar no es un sentimiento, como ya hemos afirmado, es un acto de voluntad.

Para impedir que esta idea equivocada de lo que es el perdón nos impida el proceso, nos debe quedar muy claro que llegamos a perdonar cuando el recuerdo de un incidente nos deja de conmocionar, pero no significa olvidar el incidente mismo. Siempre debemos perdonar por nuestra propia paz y libertad, sin embargo nunca debemos olvidar.

No es justificar

Perdonar no es justificar comportamientos negativos o inadecuados sean propios o ajenos. La violencia, la traición y la deshonestidad son ejemplos de comportamientos que pueden ser totalmente inaceptables. Perdonar no quiere decir que apruebes o defiendas la conducta que te ha causado dolor, ni tampoco excluye que tomes medidas para cambiar la situación o proteger tus derechos. No reduce la mala intención que alguien pudo haber tenido al lastimarnos.

Cuando hemos sido víctimas de un grave daño, perdonar no justifica en nada lo sucedido. De hecho, no habrá un verdadero perdón si no hay un juicio honesto y verdadero de lo que nos aconteció. En otras palabras, cuando perdonamos «el mal» no significa que lo toleremos o lo reprimamos.

La realidad hay que contemplarla de frente, dejando que nos impacte para sentir lo que sentimos y así podamos procesar nuestra emotividad. Perdonar a quien nos ha herido nos sana, tolerar lo que se nos ha hecho nos puede hundir en un pozo sin fondo; podemos perdonar casi cualquier cosa pero nunca debemos tolerarlo todo. Si realmente deseamos convivir de manera sana con otras personas siempre tendremos que poner límites. Tolerarlo todo siempre terminará lastimando mucho más a todos los involucrados.

Quien perdona se libera a sí mismo del odio y el rencor, lo que no significa que se libera a la otra persona de la responsabilidad de asumir las consecuencias de sus actos.

Si nuestra intención es la de reconciliarnos y renovar la relación, no llegaremos a perdonar hasta que nos atrevamos a mirar a la gente directamente a los ojos y decirles que son responsables por lo que hicieron, ya que el perdón no es liberar al abusador de su responsabilidad, éste siempre tendrá que asumir las consecuencias. Perdonar no significa que evadas la confrontación por miedo o que permitas que otros transgredan los límites por temor a la respuesta que pueden dar.

El perdón no es proceso que condone las faltas de sensibilidad y la agresión, ni tampoco es disculpar un comportamiento que no ha sido el adecuado. Habrá ocasiones en que será absolutamente necesario que exista un castigo para los culpables. Si la deshonestidad, el abuso, la violencia y el genocidio quedan impunes, se sentarán precedentes para que las historias se repitan. Sin justicia no podrá haber reconciliación ni auténtica paz en cualquier tipo de relación.

Perdonar nunca significa renunciar a nuestros derechos, las injusticias deben corregirse en la medida de todo lo posible. La justicia es un acto objetivo que procura rectificar las situaciones. El perdón está en lo subjetivo, es un acto de amor y bondad que nunca puede estar condicionado por la obligación. La justicia tiene como eje rector el respeto a los derechos de toda persona, mientras que el perdón tiene en su centro el anhelo de paz y libertad, así como el ejercicio del amor al que todos debemos de estar comprometidos

No es pretender que todo esté bien

Perdonar no es fingir que todo está bien cuando sientes que no es así, debemos aprender a expresar nuestros sentimientos. No podemos siquiera perdonar si de entrada ignoramos nuestro enojo y resentimiento.

Para llegar a perdonar y evitar volver a caer en lo mismo hay algunos conceptos importantes que debemos recordar:

- Identifica tus sentimientos, ¿qué es lo que realmente sientes respecto a lo sucedido?
- Ten claro qué fue lo que te lastimó, lo que hicieron, lo que dijeron o la forma en que se manifestaron.

Cuando hemos sido maltratados podemos experimentar una variedad de sentimientos dolorosos. Es común sentirnos mal, confundidos, furiosos, abandonados, tristes o con mucho temor. También es común, cuando hemos sido lastimados, sentirnos como anestesiados o sobrecogidos y tener un sentimiento hoy y otro mañana.

Como prevención debemos recordar que tal vez, en algunas ocasiones, se nos ha dificultado admitir que las cosas han salido mal, que realmente han sucedido y nos han lastimado. Puede ser que hayamos negado la intensidad de nuestros sentimientos permaneciendo en una relación tóxica y destructiva, pero mientras sigamos pretendiendo que «*aquí no pasó nada*» no estaremos en disposición de iniciar el proceso de perdonar. Si no tenemos claridad respecto a los límites que no se respetaron no podremos evitar quedar atrapados en la misma situación en el futuro.

Debemos expresar, aunque sea con una tercera persona de nuestra confianza, cómo nos sentimos, la situación que nos ha ofendido reconociéndola como incorrecta. Hablar abiertamente de nuestro dolor nos ayuda a clarificar nuestros sentimientos; el propósito es exponer nuestra realidad y nuestras emociones en la búsqueda de apoyo y guía, sin pretender manifestarnos como víctimas o iniciar una narrativa dolorosa y de resentimiento que se repita una y otra vez.

Las personas que no muestran sus sentimientos, reprimiéndolos y pretendiendo que todo está bien tienden, con facilidad, a deprimirse y están en un riesgo mayor de padecer un infarto. Recordemos que esto se debe, como se explicó en el capítulo anterior, a la liberación de las hormonas del estrés que alteran el funcionamiento del corazón y van causando un estrechamiento de las arterias coronarias.

Sin embargo, las personas que son capaces de expresar su enojo e inconformidad a través de canales constructivos, de medios adecuados que puedan rectificar las situaciones, ya sea renovando las relaciones o dejándolas ir, pero ante todo recobrando el sentido de su propia vida, son las que realmente pueden llegar a perdonar y hacen un acto sincero como debe ser.

No es sentirnos superiores

Hay quienes piensan, erróneamente, que perdonar es un gesto que denota actitudes de superioridad por parte de quien otorga el perdón y es esa idea la que les impide realizar el proceso. Nada más lejano a la realidad.

Algunas personas, que ni siquiera consideran perdonar bajo el pretexto de que únicamente le corresponde a Dios, afirman, no sin desprecio y arrogancia: *«¿Quién soy yo para perdonar?, que lo perdone Dios»*. En realidad estas palabras son sólo una fachada para evadir nuestro profundo dolor y la cólera soterrada que está en nosotros.

Ante esta actitud hemos de recordar, como nos dice la oración cristiana por excelencia: *«Perdona nuestras ofensas como nosotros perdonamos a nuestros ofensores»,** y como se nos recuerda dentro de la tradición judía, en la oración que se recita cada noche antes de

---

*   Mt. 6,12 Biblia de América.

dormir: «*Señor del universo, perdono y disculpo a todo aquel que me haya hecho enojar, me haya provocado o haya cometido una falta contra mí, ya sea en mi cuerpo, en mi propiedad, en mi honor o en todo lo demás que sea mío, ya haya sido a causa de fuerza mayor o intencionalmente, por accidente o con mala voluntad, tanto de palabra como en la práctica...*».* En el antiguo testamento, en donde ambas tradiciones beben de la misma fuente, también se nos reitera: «*Perdona la ofensa a tu prójimo, y, cuando reces, tus pecados te serán perdonados*».**

Por otra parte, si perdonamos a alguien por lastima o porque lo consideramos estúpido, estaríamos confundiendo el valor del perdón con el antivalor de la soberbia. El perdón nunca debe convertirse en una insoportable arrogancia de nobleza moral «*yo que soy tan bueno, te perdono a ti que eres tan malo*».

El perdón, contrario a lo que la idea de superioridad pueda sugerirnos, es una virtud que lleva intrínseca en sus raíces la humildad. Se requiere ser humildes para vencer nuestras tendencias narcisistas, para descender de las expectativas ideales que nos habíamos creado y para tener el valor de reconocer y enfrentarnos a las miserias de nuestra realidad.

Muchas veces detrás de la soberbia oculta, pensando que no somos nosotros a quienes nos toca perdonar, yace el miedo de que al hacerlo condonamos lo imperdonable, prefiriendo permanecer, aunque sea de manera inconsciente, en nuestros rencores y resentimientos. La realidad es que si fue a ti a quien ofendieron es a ti a quien corresponde perdonar.

---

*   Bircat Shelomó, *Sidur*, Edit. Jerusalem, México, 2008.
** Si. 28,2 Biblia de Jerusalén.

No es cambiar nuestras decisiones

El perdón no significa que debemos cambiar nuestras decisiones en cuanto a cómo relacionarnos con los demás, aunque hay quienes opinan que el perdón no es auténtico sino hasta que la gente vuelve a reunirse cercanamente y con mutua aceptación. La realidad es que perdonar está más allá de cualquier relación, sobre todo cuando continuarla se convierte en una situación francamente absurda o en un círculo vicioso que retorna una y otra vez a la agresión, hasta convertir al perdón en un simple gesto exterior para poder «llevar la fiesta en paz», pero quedando atrapados en situaciones tóxicas y en resentimientos reprimidos que, tarde o temprano, pueden terminar por acabar con nuestra propia salud.

No son lo mismo el perdón y la reconciliación. Reconciliarte equivale a reestablecer una relación con la persona que te ha lastimado, perdonar significa que haces las paces con esa parte dolorosa del pasado y dejas de culpar a tu ofensor por tus experiencias en el presente; es por ello que podemos perdonar y decidir que no existe razón alguna para continuar la relación con quien nos ha causado daño. De hecho, cada vez que nosotros perdonamos a alguien que ya ha fallecido, eso es justamente lo que hacemos. Cada vez que perdonamos a alguien, que en algún momento de nuestra vida nos haya lastimado pero que no mantiene una relación con nosotros, eso es exactamente lo que hacemos.

Perdonar nos da libertad y nos permite la posibilidad de elegir; podemos perdonar y darle una nueva oportunidad a nuestro ofensor o podemos perdonar, alejarnos y llegar a buscar nuevas relaciones, la elección es nuestra.

De igual forma, siempre debemos recordar que saber perdonar no significa que tengamos que renunciar a nuestro derecho a la justicia o a una compensación, aunque será muy importante tener en mente que ninguna de estas cosas nos puede sanar totalmente a nivel emocional, sólo el perdón puede lograrlo.

Por supuesto, tendremos que tomar en cuenta que aunque perdonar no nos exige reconciliarnos, cuando la persona que nos ha ofendido es alguien muy cercano con quien tendremos o nos interesa seguir en relación, la reconciliación tendrá que ser contemplada y considerada como necesaria, pero bajo los términos de renovar por completo el «contrato» y no continuarlo, como lo explicaremos ampliamente en el capítulo 7.

En este punto hemos de tener mucho cuidado, ya que algunas personas suelen chantajearnos diciendo frases como: «*Si no vamos a continuar juntos, quiere decir que no me has perdonado*». Asegurémonos de aclararles que las dos situaciones son muy diferentes. Las personas que ceden ante este chantaje corren el riesgo de quedar atrapadas en situaciones que les pueden llegar a costar la vida misma.

Parafraseo el poema de Avraham Even-Shosham, titulado «Hoy recibí flores», el cual comparto contigo porque ilustra con toda claridad cuán peligroso puede ser que cedamos a este tipo de manipulación.

Hoy recibí flores,
no es mi cumpleaños ni ningún día en especial,
pero ayer tuvimos un pleito; me dijo palabras soeces
y me lastimó profundamente.
Pero me pidió perdón,
y sé que está arrepentido, porque hoy recibí flores.

Hoy recibí flores,
no es nuestro aniversario ni ningún día en especial,
pero ayer en medio de un pleito me golpeó y me lastimó tanto.
Pero me pidió perdón, y sé que está arrepentido,
porque hoy recibí flores.

Hoy recibí flores,
no es el Día de los Enamorados ni ningún día en especial,
pero ayer el pleito fue tan ofensivo y los golpes que me dio fueron
tan brutales que ningún maquillaje pudo ocultar en mi rostro las
huellas de su violencia y ninguna medicina pudo eliminar el dolor
de mi alma.
Pero me pidió perdón, y sé que está arrepentido,
porque hoy recibí flores.

Hoy recibí flores,
hoy sí que es un día especial, hoy es el día de mi funeral.
Anoche la golpiza fue tan brutal que finalmente me mató.
Si tan sólo hubiera escuchado a quienes tanto me dijeron que
perdonar no significaba permanecer con él;
si tan sólo hubiera escuchado a quienes me dijeron que podía
perdonar y a la vez irme, si tan sólo los hubiera escuchado,
hoy, hoy no hubiera recibido flores.

No es tener que hablar directamente con la otra persona

El perdón no nos exige tener que comunicarnos verbal o directamente con quien nos ofendió. No es necesario decir: «*Te perdono*».
A veces puede ser importante pero no indispensable. En ocasiones
las personas que te hacen sentir mayor resentimiento son con las

que te resulta menos fácil comunicarte; con las que tal vez ya se han alejado de tu vida y no desean contacto contigo, ni qué decir de aquellas que ya han fallecido y a quienes, sin embargo, les seguimos guardando resentimiento.

En muchas circunstancias no es necesario el diálogo para que el perdón sea auténtico y completo. Sin embargo, en cualquier relación que va a continuar, en que se requiere la cooperación mutua, sea con un compañero de trabajo, un jefe, un amigo, un familiar o la pareja, es esencial la capacidad de comunicarse con claridad y sinceridad para favorecer una atmósfera de perdón.

A todos nos gustaría que al haber sido lastimados, quien nos ofendió nos pidiera que le perdonáramos, pero la realidad es que en muchas ocasiones eso no sucede. Es obvio que cuando el ofensor ni siquiera reconoce el daño causado y mucho menos pide perdón por ello, el diálogo se torna imposible. En un caso así sólo nosotros podemos decidir si continuamos con la relación, con todos los riesgos que conllevaría, o la terminamos.

Siempre será óptimo que las personas involucradas en un conflicto puedan llegar a sostener un diálogo, independientemente de lo que se haya determinado hacer con la relación, pero por diversas circunstancias, como las que ya hemos mencionado, habrá momentos en los que eso no será posible. Sin embargo, lo importante será tener muy claro que dicho diálogo nunca debe considerarse como indispensable para que nosotros podamos llegar a perdonar.

También tendremos que considerar que hay situaciones en la vida, donde después de haber sufrido un abuso o una ofensa grave, lo mejor será alejarnos y no tratar de forzar a nuestro ofensor para que reconozca lo que hizo y nos pida ser perdonado, generando de esta manera un diálogo que será estéril y que no habrá de servir constructivamente para la relación ni será necesario para que nosotros decidamos y lleguemos a perdonar.

No es ser ingenuos

El perdón no nos ciega y convierte en ingenuos. Más bien nos ayuda a aprender y a tener experiencia. Nunca hay que confundir el perdón con la ingenuidad, ya que antes de perdonar debemos de tener muy claro a quién estamos responsabilizando por lo que ha sucedido y cuáles son las verdaderas dimensiones del daño. Sólo con los ojos bien abiertos podemos decir que perdonamos de verdad.

Perdonar nunca significa permitir que un ofensor se salga con la suya ni tampoco una manera de simplemente ignorar el problema; al contrario, el proceso del perdón involucra recobrar una visión realista respecto a quien es la persona que nos ha ofendido.

La capacidad de reconocer nuestros sentimientos, de valorar en su justa dimensión a la otra persona y de examinar detenidamente la relación que ha habido entre ambos, requiere de fortaleza para asumir la realidad de nuestra vida. Por lo tanto, al perdón no se le puede considerar como algo que refleja debilidad o ingenuidad, sino más bien como muestra de fortaleza interior y de capacidad de discernimiento para superar el dolor y tomar las mejores decisiones.

Puede ser que pienses que al optar por el perdón tu ofensor nunca aprenderá que lo que hizo era indebido; puedes estar casi convencido de que si perdonas estás dejando que el otro se salga con la suya y seguramente te lo volverá a hacer, pero debemos insistir en recordarnos que perdonar no significa justificar lo que ha sucedido y mucho menos someternos a una relación en la que podemos seguir siendo lastimados.

Aparentes ganancias secundarias

Si perdonar es indispensable para nuestra salud física y mental ¿por qué nos resistimos a practicar el perdón? Como ya hemos visto, en parte es por nuestros hábitos de pensamiento y también por las ideas equivocadas que tenemos respecto a lo que es y no es el perdón. Pero algo más que nos impide hacerlo es la idea, en ocasiones inconsciente, de que a través de nuestra rabia y rencor podemos obtener «ganancias secundarias» que, como veremos, siempre son aparentes y nunca significarán en realidad un beneficio para nosotros.

Por otra parte, en ocasiones no nos resulta fácil dejar ir las experiencias dolorosas que hemos padecido porque nosotros mismos las convertimos en las circunstancias que definen nuestra vida. Así es como nos convertimos en y nos definimos como las personas a quienes situaciones terribles les sucedieron. Sin embargo, lo verdaderamente aterrador es que permanezcamos conectados con el dolor que sólo nosotros perpetuamos en y desde nuestra subjetividad, pero que en verdad ya no existe en la realidad objetiva de nuestro presente.

Las supuestas «ganancias secundarias» sólo representarán mayores pérdidas, ya que al mantener ciertas actitudes para supuestamente obtenerlas no castigaremos a nadie ni lograremos beneficio alguno, únicamente mantendremos nuestras heridas abiertas y nos procuraremos mayor sufrimiento.

Creer que se pueden obtener beneficios al no perdonar llega a tal ceguera que hay personas que sienten que mientras no perdonen, quien las ha ofendido aún está en deuda. Si se le otorgara el perdón, la deuda se eliminaría y entonces la relación se perdería por completo, hay quienes sienten que mientras se les deba algo, podrán seguir ligadas a la persona.

Aquí compartimos algunas de esas «aparentes ganancias secundarias» que pueden constituir un gran obstáculo para que iniciemos el proceso del perdón.

Tener más poder y dominio

Pensamos que no perdonar es señal de fuerza y amor propio, un falso sentido de dignidad. Algunas personas se rehúsan a hacerlo porque creen o sienten que sus rencores les permiten mantener poder sobre el ofensor. No perdonar puede ser el único control que suponen tener sobre una relación. Desde la psicología sabemos que, en muchas ocasiones, nuestro «niño o niña interior» cree que la rabia tiene poderes mágicos, ya que en algún momento tuvieron la experiencia de que algún adulto se saliera con la suya a través de la ira, y piensan que con ese enojo pueden conseguir lo que quieren o alejarse de lo que no quieren. La realidad es que saber perdonar y la libertad de dejar ir nos dan un poder infinitamente mayor.

Una creencia problemática y común respecto al perdón, particularmente para las personas que han tenido alguna experiencia de abuso, es pensar que perdonar demuestra debilidad, lo cual lleva a las personas a tratar de mantener un supuesto poder sobre la situación, pero que siempre será contraproducente puesto que, entre otras cosas, evitará que la persona reconozca su dolor y sus sentimientos y pueda llegar a sanarlos.

Mantener el odio o el rencor en nuestro corazón nos hace sentir «pasión», emoción que nos permite sentir que aún estamos vivos. La ilusa idea de poder y dominio está relacionada con ciertas creencias que pueden ser completamente erróneas tales como:

- Si perdono, significa que tendré que volver a confiar en esa persona.
- Perdonar a mi ofensor le dejará las manos libres para que vuelva a hacerme lo que ya hizo.
- Perdonar es una señal de debilidad.

No importa cuánta rabia podamos tener y por cuánto tiempo queramos mantenerla, nunca podremos realmente controlar a ninguna otra persona. Quien nos ha hecho daño seguirá adelante y vivirá bien sin tener en cuenta si la perdono o no. La única persona que sufre el impacto de mantener el resentimiento soy yo misma.

Hay quienes piensan que sólo alguien, cuya autoestima fuera en verdad mínima, consideraría siquiera la posibilidad de perdonar a su ofensor y que no hacerlo equivale a controlar a la otra persona siendo ésa la mejor manera de mantenerse seguro.

Hacer que los otros se sientan culpables

En ocasiones pensamos que antes de llegar a perdonar debemos procurar que la otra persona sufra mucho. Esto, en el fondo, puede ocultar nuestros deseos de manipular, lo cual constituye veladamente una forma de venganza. Hacer sentir a otros culpables es una manera de hacerlos sentir mal y, aunque efectivamente puedan padecer por un tiempo esa sensación, tarde o temprano cualquiera se agota de pedir perdón una y otra vez hasta que termina por abandonar el intento.

Lo más peligroso de esta situación es que nosotros permanecemos en una lucha interna entre sentimientos encontrados y sin sanar realmente nuestra herida y, con el tiempo, crearemos rencores que nos causarán daño y correremos el riesgo de perder relaciones que pudieron haberse subsanado.

Debemos tomar conciencia de que no existe ningún valor real y sano en estar «castigando» a otras personas. No perdonar a alguien que sinceramente nos pide perdón y con quien nosotros sí quisiéramos renovar la relación, sólo nos conducirá a nuevas razones para ahondar el conflicto. Recordemos que perdonar no tiene como propósito cambiar al otro, sino cambiar nuestros propios pensamientos conflictivos y negativos para dejar atrás el dolor.

Hay quienes aprovechan el arrepentimiento del otro para chantajear y sacar beneficios personales, que están más allá de lo que significa hacer justicia, pero convertirnos en verdugos puede costarnos un precio demasiado alto tanto sentimentalmente como en resultados reales de reconciliación o de ética personal.

Para afirmar que tenemos «razón»

Perdonar no significa que debemos reconocer que la otra persona tiene la razón y que nosotros estamos mal, pero la mayor parte de nuestros desacuerdos vienen por discusiones intrascendentes que no son significativas y que, por lo tanto, no requieren de defender posturas. Esos son momentos para preguntarnos: *¿Deseo tener razón o ser feliz?*

El perdón no tiene nada que ver con quién tiene la razón y quién no. El único motivo por el cual necesitamos perdonar es porque debemos liberarnos de la rabia y el dolor, pero si te apegas a este mito para supuestamente obtener algún tipo de ganancia, toma conciencia que entonces tener razón te importa más que estar en paz contigo mismo y ser feliz.

Que perdones no significa que concedas que la otra persona tenía razón, puesto que perdonar a quien beneficia es a ti mismo y no excluye la necesidad de un diálogo claro para poder llegar a reconciliar posturas. Perdonar no quiere decir que la persona que nos ofendió estaba en lo correcto y que estamos de acuerdo con su actuación.

También debemos considerar que se pueden evitar muchos embrollos al no empeñarnos en ser nosotros los que tenemos razón en un argumento, hay situaciones en que eso ni siquiera vale la pena, cuando sopesamos el riesgo de llegar a un conflicto que lastime la relación permanentemente.

Para no mostrar nuestros sentimientos

Algunas personas se niegan a perdonar, ya que consideran que al hacerlo estarían reconociendo que lo que alguien les hizo les causó dolor. Hay quienes piensan que reconocer ese dolor es exponerse a que sus sentimientos y fragilidad se conozcan. Casi a ninguno de nosotros nos gusta que se nos perciba como débiles y que se descubran nuestros miedos y tristezas.

En ocasiones el dolor que padecemos por los actos o actitudes de otras personas se debe a que se reabren las viejas heridas que nunca sanaron. Nadie puede elegir su infancia, pero todos tenemos que ser capaces de reconciliarnos con nuestras vivencias y con nuestro dolor. Sólo cuando estamos dispuestos a mostrar lo que en verdad sentimos, y aceptamos nuestras heridas, es cuando podemos superarnos y las heridas pueden cicatrizar. Reconocer abiertamente lo que hemos vivido significa reconciliarnos con esa historia y también perdonar a quienes la causaron.

Aparentar que nada ha sucedido y que, por lo tanto, no hay nada que perdonar, es un autoengaño que convertirá nuestro dolor en sufrimiento reprimido y hará que esa herida se resienta una y otra vez en el futuro. Esta actitud muestra una arrogancia peligrosa que nos provocará mucho daño.

La humildad siempre será una buena consejera y nos dará la fortaleza sólida que sólo puede existir cuando reconocemos la realidad, y la realidad es que somos quebradizos pero con una capacidad insospechada de reconstruirnos. Mostrar nuestros sentimientos, lejos de convertirnos en hojas secas que se lleva el viento, nos da un gran autoconocimiento, que es fuente de sabiduría.

Para aferrarnos a una relación y no enfrentar la soledad

Mientras no perdonamos nos mantenemos ligados a quien nos lastimó, pero sabemos que si abandonamos esa posición se nos acaba nuestro tema de conversación. Hay personas para quienes su narrativa de resentimiento es más importante que aprender a manejar adecuadamente sus pérdidas.

Para algunas personas la ofensa es lo único que tienen y dejarla ir es como quedar en la nada, sin ningún tipo de relación que las apasione. Muchas veces el dolor y la herida es todo lo que queda de una relación y como nos hemos quedado enganchados en ellos, se convierten en símbolo de la relación misma. Puesto que la relación en realidad no existe más y sólo nos queda el dolor, eso es lo que hipnóticamente nos hace creer que la relación continúa. Por ende, dejar ir ese dolor se percibe como tarea imposible porque nos hace sentir que nos quedamos sin nada.

Hay quienes hablan una y otra vez de su dolor y de sus heridas, convirtiéndolas en el tema central de sus pláticas, con esto parecen aferrarse a una relación que, probablemente, ya ni siquiera existe. El resultado es que nunca dejan ir lo que ya pertenece al pasado y se siguen lastimando a sí mismas.

Hay personas para quienes no perdonar se convierte en la manera de poder seguir teniendo tema de qué hablar y, si perdonan, tendrían que reconocer que quienes las lastimaron ya no están en su vida y no van a regresar. No dejar de recontar su historia es una manera de seguir evitando reconocer la gran pérdida que han padecido.

Sin darnos cuenta, esa narrativa nos mantiene conectados, y de una forma indefensa, con las personas que nos han lastimado. Mientras nos estemos lamiendo las heridas del pasado estaremos con frecuencia acordándonos de una parte de la vida que no nos funcionó correctamente. Lo que debemos hacer es reconectarnos con nuestras intenciones positivas, recordando las metas que siempre hemos querido alcanzar, lo cual nos capacita a movernos hacia delante y nos da una motivación positiva.

La persona o el evento que nos ha lastimado debe ser importante solamente por el aprendizaje que nos deja, de ninguna manera debemos quedarnos aferrados a esa experiencia, que lejos de traernos algún tipo de ganancia, hace que el daño que padecimos nos arrebate nuevos objetivos y metas hacia delante. Si persistimos en alcanzar esas metas, dejando el pasado atrás, superaremos por largo cualquier daño que se nos haya podido causar. La vida siempre continúa. Imagínate a ti mismo conectado con esa intención positiva, decide perdonar y saldrás adelante.

Para hacernos víctimas y evitar la responsabilidad

Perdonar no significa negar que hayas podido ser una víctima, pero sí quiere decir que haberlo sido ya no domina tu vida emocional. Cuando consciente o inconscientemente no queremos hacernos responsables de nuestra vida o de nuestros sentimientos y conducta, es más fácil culpar a otros por nuestra infelicidad.

Valdría la pena preguntarnos: *¿Qué obtengo al aferrarme a la rabia y al resentimiento?* Para algunas personas quedarse en la lamentación de haber sido víctimas les va creando una identidad de invalidez personal que siempre las llevará a estar esperando que otros se hagan cargo de su vida. Lo importante es recordar que no es lo que nos sucedió lo que debe determinar nuestra realidad actual, sino lo que nosotros hacemos con lo que nos sucedió.

A pesar de que no podemos negar que en ciertas ocasiones hemos sido víctimas de la irresponsabilidad o de la rabia de otras personas y tenemos el derecho de responder con enojo, la realidad es que los sujetos que mantienen un constante deseo de venganza se encadenan a sí mismos al pasado y su calidad de vida disminuye hasta casi desaparecer.

Cuando nos quedamos atrapados en la situación de víctimas no asumimos la responsabilidad de nuestra propia vida; perennemente culparemos a alguien más de todo lo que nos pasa aun cuando el error sea sólo nuestro. Así, siempre tendremos a un culpable: si fracasamos en el trabajo; si destruimos o no sabemos conservar y hacer florecer una nueva relación, etcétera. Sin lugar a dudas, culpar a alguien continuamente será un camino fácil para nunca tomar las riendas de nuestra propia vida y mejorar su calidad.

Sin importar lo que nos haya sucedido en el pasado, en el presente, que ahora tenemos, somos responsables del curso de nuestra propia historia. Cuando nos sentimos molestos y nos preguntamos: *¿Quién tiene la culpa?*, y empezamos a insistir que la razón de nuestro sufrimiento es responsabilidad de alguien más, entramos en el juego abismal de la amargura de siempre culpar a otros por nuestras dificultades. Suponer esto podría llegar a ser un problema muy grave porque cuando sentimos que la causa de nuestro sufrimiento es exterior, buscaremos una y otra vez la solución fuera de nosotros mismos y nunca la vamos a encontrar.

Nuestra historia de resentimiento es como la leyenda que creamos de nuestra indefensión y frustración, la cual se basa en un acontecimiento que sucedió en el pasado culpando a alguien más por cómo nos sentimos ahora. Nunca debemos describirnos como víctimas. Existen incontables historias de tantos que han logrado sobrevivir a tremendos abusos y a un profundo dolor sin tener que desarticular a su propia persona y sin permanecer impávidos en el papel eternizado de «víctimas».

Quienes desean permanecer como víctimas, aunque piensen que con esa actitud castigan a su ofensor, es porque han convertido su historia de dolor en lo que les da identidad. Pascal Bruckner, filósofo francés, ha definido el victimismo como una característica de nuestra época que consiste, por una parte, en la convicción de ser víctimas permanentes y, por otra, en la negativa de asumir responsabilidades.

También debemos recordar que cuando culpamos incansablemente a una persona o a una situación por alguna circunstancia negativa que nos sucedió, quienes nos rodean, tarde o temprano, se cansarán de escuchar nuestra narración, empezarán a alejarse y tendremos nuevas razones para seguir añadiendo culpas a otros, sin darnos cuenta que somos nosotros mismos los que provocamos las reacciones que nos lastiman, nos incomodan o nos aíslan.

Debemos aprender a relatar una historia diferente, nosotros podemos elegir modificarla para no subrayar una y otra vez lo que estuvo mal, dándonos la oportunidad de rescatar aquello de lo que podemos aprender. Debemos convertir nuestras historias de dolor y resentimiento en historias que nos han retado a ser mejores seres humanos y a las cuales nos podemos sobreponer; poder hacerlo nos

lleva a darnos cuenta de la fortaleza que existe en nosotros para poder remontar obstáculos difíciles. Así, el papel que desempeñamos
en nuestra historia, puede transformarse de víctima a héroe que, con
éxito, ha transitado por el viaje de la superación y el proceso del
perdón.

Algunos de nosotros insistimos en utilizar el resentimiento para
una variedad de propósitos: protegernos de los demás, distraernos
de nuestra propia impotencia, manipular o castigar al otro, demostrar que sólo nosotros estamos en lo correcto y tenemos la razón,
evitar decir la verdad de cómo nos sentimos y no exponer nuestro
corazón lastimado, mantenernos unidos a alguien que ya se fue, no
asumir la responsabilidad de nuestra propia vida, etcétera. Pero ninguna de estas aparentes ganancias secundarias nos traerá en realidad
beneficios, sino más bien nos dejará atascados en el sufrimiento.

Algo que nos puede evitar caer en este ilusionismo de aparentes
ganancias es recordar siempre que perdonar no significa justificar,
ni condonar, ni seguir tolerando lo que nos han hecho. En realidad
perdonar nos debe procurar ser conscientes de las experiencias vivi-
das para que en el futuro podamos tomar las medidas oportunas con
el fin de evitar que se vuelvan a repetir en los demás las conductas
que tanto daño nos hicieron.

Perdonar no implica tolerar actos perversos. Sin embargo, debemos ser conscientes de que hay una enorme diferencia entre la ira
que naturalmente se siente ante un abuso y los sentimientos rebuscados de rencor. Perdonar no elimina los hechos que ya acontecie-
ron pero sí evita dolor en el futuro.

Tenemos que aprender a movernos de la «victimes» a la victoria,
lo que significa que dejemos de narrar una y otra vez lo que nos ha
sucedido. Es importante elegir relatar la historia de una manera diferente, matizada por el aprendizaje que de ella obtuvimos, con gra-

titud por los momentos buenos que disfrutamos antes de la ofensa y reconociendo que la vida sigue y no tiene por qué detenerse. Como lo digo en mi libro *Saber crecer*, tenemos que sanar nuestras memorias y recordar que nosotros somos los únicos editores de nuestro propio libro de vida.

Querer perdonar demasiado rápido

Este impedimento para el perdón puede parecernos lejano a nuestro sentir, sin embargo, ante la pregunta que tantas personas se hacen de: *¿Por qué no puedo perdonar?*, ciertamente debemos considerar que, en algunos casos, la respuesta es porque tal vez es demasiado pronto y aún no hemos realizado la tarea que este proceso requiere. Recuerda que lo normal ante una ofensa es sentirnos lastimados y enojados y que el manejo de nuestra emotividad nos exige darnos tiempo, tema que veremos en el capítulo 5.

El perdón nos exige abrir el corazón y conlleva una decisión de cambiar las cosas. Cuando perdonamos demasiado rápido no nos damos tiempo de poner nuestro pensamiento y sentimientos en orden, de aclarar los límites y es por ello que los problemas tienden a repetirse.

Si pensamos en renovar una relación, parte del proceso del perdón tendrá que conllevar un diálogo, pero ese diálogo debe iniciarse en nosotros mismos. Empecemos por aclararnos hasta dónde la ofensa es, en realidad, lo que nosotros estimamos que fue, o ya se ha salido de toda proporción a través de lo que hemos pensado y nos hemos repetido respecto a ella. Cuando le has dado demasiado espacio en tu mente y en tu corazón a esas situaciones casi con toda seguridad el rencor ya te ha distorsionado la realidad.

Si no nos tomamos el tiempo para llegar a apreciar cuál es la auténtica naturaleza de la ofensa y el dolor que nos ha causado, el perdón nunca llegará a ser realmente completo. La ruta del perdón nos exige procesar nuestros sentimientos y querer hacerlo demasiado rápido nos impide llegar al verdadero objetivo de lo que significa perdonar.

Hay personas que aun cuando su ofensor ignora su dolor están tan desesperadas por preservar la relación, que parecen estar dispuestas a aceptar cualquier situación, inclusive a perdonar rápidamente. Pero este perdón es prematuro y superficial, es un perdón peligroso porque se otorga antes de procesar el verdadero impacto del daño que se nos ha causado, porque lo otorgamos a un ofensor que ni siquiera ha tomado conciencia de la herida que nos ha causado y porque nos deja atrapados en «más de lo mismo» sin esperanza de cambio hacia el futuro.

Por supuesto que habrá ocasiones en que perdonamos a personas que, aun lastimándonos en lo más profundo, nunca fueron capaces de pedir perdón, pero ciertamente no deben ser las personas con quienes continuaremos viviendo día a día.

Este tipo de perdón otorgado con rapidez y sin que haya habido verdadero tiempo para expresar el dolor, es un perdón social que no nos permitirá asimilar verdaderamente el daño que hemos padecido, es como un intento compulsivo y unilateral por llevar «la fiesta en paz». Cuando perdonamos de esta manera y por preservar la relación a cualquier costo, se corre el riesgo de atentar en contra de nuestra integridad y seguridad.

Por otra parte, hay personas que al perdonar socialmente mantienen una agresión pasiva provocándose a sí mismas amargura y sabotean su propia felicidad. El perdón social es inútil porque nos crea la ilusión de cercanía cuando en realidad nada ha sido confrontado ni resuelto. Acallar tu enojo o tu tristeza y temor significa no reconocer la realidad de lo que sucedió.

Se suele recurrir al perdón social para evitar los conflictos cueste lo que cueste, y proteger una relación que ya es disfuncional. Los «evitadores de conflictos» permanecen en relaciones sin tener voz, mostrando un comportamiento siempre sumiso y en la disposición de acallar todas sus necesidades. Estas actitudes, lejos de ayudarnos a perdonar, nos alejan cada vez más de ese propósito y conforme pasa el tiempo, en nuestro interior sentimos una mayor rabia, que al seguir sin procesarse nos impide aún más llegar al verdadero perdón.

Como lo ha estudiado profundamente la doctora Abrahms, de la Universidad de Yale, existen ventajas y desventajas para este tipo de perdón social. Las aparentes ventajas serían:

- Nos mantiene conectados con el ofensor.
- Nos puede hacer sentir que somos tan buenas personas que estamos por encima de la ofensa.
- Nos evita confrontar nuestra propia complicidad en una relación tóxica, haciéndonos sentir que ninguna responsabilidad es nuestra.

Las desventajas de este tipo de perdón, entre otras, pueden ser:

- Aniquila la verdadera oportunidad de llegar a desarrollar una relación más íntima y sincera.
- Bloquea nuestro crecimiento personal al impedir que desarrollemos relaciones más satisfactorias.
- Puede estar dando luz verde al ofensor para que nos continúe maltratando.

A lo anterior, debemos añadir que diversos investigadores nos sugieren que el perdón, en sus contextos más superficiales o menos genuinos, tiene consecuencias negativas.

Así como hay personas que utilizan el perdón social para «llevar la fiesta en paz» al costo que sea, hay quienes lo utilizan como una especie de arma vengativa, ya que se sienten moralmente superiores, lo cual siempre estará asociado con actitudes y emociones negativas.

Perdonar demasiado rápido y superficialmente puede reflejar una necesidad agresiva de dominar al otro mediante esa creencia de superioridad moral pero, al no procesarse los verdaderos sentimientos que se han provocado por una ofensa, este tipo de gesto nunca constituirá un verdadero perdón y, por lo tanto, puede hacer que las emociones reprimidas vayan creando un rencor soterrado y una amargura que nos dificultarán el camino del certero proceso del perdón, que cuando se realiza como valor interior y profundo se relaciona con actitudes y emociones positivas.

Por otra parte, así como una persona que ha sido ofendida puede expresar su perdón para aparentar ser muy noble o para tener una especie de arma a la mano, con la intención posterior de generar culpabilidad en su agresor, de igual forma un ofensor puede evitar la venganza a través del uso estratégico de disculpas que, en el fondo, son promesas vacías que no tienen sinceridad o son intentos superficiales de tratar de reparar el daño. Perdonar demasiado rápido nos impide valorar correctamente las verdaderas intenciones de quien nos ha ofendido y la sinceridad de sus disculpas.

La investigación también nos advierte respecto a los efectos destructivos de un sistema social que presiona a las personas que ya han sufrido una pérdida y han sido víctimas de actos sumamente violentos a perdonar. Es de hacer notar que algunos profesionales de la salud, así como personas religiosas, familia y amigos pueden ser partícipes de esta coerción social, fundamentados en un Dios que es rígido y castigador.

Esto nos lleva también a la pregunta: *¿Es Dios alguien a quien también debemos perdonar?* No podemos negar que hay personas que sienten que Dios las ha abandonado en medio de sus más grandes crisis y su más intenso dolor; pensamos que esto se debe a que aún no comprendemos cuáles son las verdaderas fuentes del dolor y persistimos en alimentar la imagen de un Dios severo y castigador que, desde nuestra perspectiva, nada tiene que ver con el Dios que amorosamente nos ha dado la vida y que de manera constante ha renovado su alianza.

Las causas de nuestro dolor nunca tienen su origen en Dios, y aunque ciertos aspectos de este fenómeno tan humano siempre serán un misterio, las causas de nuestro dolor comúnmente proceden de las siguientes situaciones o actitudes:

- No querer reconocernos como seres frágiles, quebradizos y perecederos. Negar la realidad de la enfermedad y la muerte en nuestros seres queridos, así como en nosotros mismos es un ejemplo de esta negación. Confrontar la adversidad con esa actitud es una de las fuentes de mayor dolor.
- Pensar o creer que los afectos humanos son para siempre y no deben cambiar. Por la irracionalidad de esta creencia y la confrontación con la realidad doleremos mucho. En esta vida nada es para siempre y los afectos humanos cambian porque nuestra propia humanidad nunca es estática.
- Las equivocadas y, en ocasiones, fatales decisiones que tomamos. La elección de una pareja disfuncional, confiar en un amigo que no resulta ser sincero, optar por un trabajo que nos

deja vacíos, etcétera, son tan sólo muestras de decisiones erróneas que nos causarán mucho dolor.
• El mal uso que hacemos de nuestra libertad, lo cual nos lleva a
  provocarle dolor a los demás, así como a ser víctimas del atro-
  pello y crueldad de otras personas que abusan de su libertad
  en contra nuestra.

Pero, independientemente de esto, también estoy segura que a
Dios no le importaría ser «el chivo expiatorio» en quien podamos
descargar nuestra cólera y dolor. Como dice mi buen amigo y sacerdote Fernando Torre Medina Mora*, siempre se vale gritarle
a Dios. Ese buen Dios está seguro de que algún día llegaremos a
comprender que Él no es el culpable de nuestros males y que su no
intervención, a pesar de su poder, es debido al respeto profundo
que tiene por nuestra libertad. También hemos de considerar que
su sabiduría reconoce que la adversidad nos es necesaria para poder crecer.

En este capítulo queremos procurar ser siempre conscientes de
que nuestros hábitos de pensamiento, nuestras ideas equivocadas
respecto al perdón, nuestro deseo de obtener alguna ganancia secundaria o la falta de claridad al perdonar demasiado rápido, se pueden interponer en nuestro camino de llegar a perdonar.

La enorme mayoría de personas que critican y hablan en contra
del perdón, por lo general, tienen una muy pobre comprensión de lo
que verdaderamente significa. Como ya lo hemos visto, algunos
confundimos perdonar con justificar acciones injustificables; otros

* Torre Medina Mora, Fernando, *Grítale a Dios*, Edit. La Cruz, México D.F., 2.ª edición, 2000.

tenemos miedo de perdonar porque pensamos que nos exponemos a que el daño se siga repitiendo.

Por otra parte, hay quienes piensan que el perdón es un precursor a una reconciliación que no desean o que perdonar es equivalente a olvidar lo que ha sucedido. Otros más pensamos que nuestra religión nos dice que debemos perdonar y entonces tenemos que hacerlo pronto. Cada uno de estos conceptos es erróneo.

Detrás de todos estos impedimentos está una narrativa abierta o soterrada de nuestra historia de resentimientos, y no nos damos cuenta de que a pesar de que hayamos sufrido experiencias de injusticia, de maltrato, de engaño o de ingratitud, nuestras vidas son sólo nuestras y nuestro presente puede liberarse de todo ese dolor si tan sólo tomamos la decisión de perdonar, de dejar el pasado atrás y retomar la realidad de un presente que nos puede llevar a un futuro de plenitud.

¿Eres del tipo de persona que considera que sus problemas son mucho más grandes que sus bendiciones? ¿Acaso tú o alguien que conoces ha dado todo el espacio de su mente a lo que ha salido mal, en vez de aprovechar lo que ha salido bien? Que hayas tenido una experiencia desafortunada no significa que debas quedarte atrapado en ella, es mejor que le des un mucho mayor espacio a los sucesos buenos que sí ha habido y hay en tu vida porque favorecerán tu camino del perdón para salir adelante y no quedarte estancado.

Perdonar no significa tener el poder de cambiar a la gente, sino el poder sanar nosotros mismos. Saber perdonar es una manera de editar nuestras memorias para convertirnos en personas capaces de aprender de la experiencia y de mantener un corazón siempre dispuesto a volver a amar, evitando así la amargura que nos endurece.

EJERCICIO DE REFLEXIÓN

Hagamos un alto para reflexionar sobre lo que el perdón puede significar para nosotros y por qué en ocasiones no nos hemos decidido a practicarlo. Te recomiendo que te relajes y, con la mayor honestidad posible, des respuesta a las siguientes preguntas. Contestarlas te ayudará a tomar nota de ideas o conceptos que tienes y que te pueden estar impidiendo llegar a perdonar.

¿Con qué historias de resentimiento he crecido?

_____

_____

_____

¿Tengo alguna historia dolorosa que yo mismo repito con demasiada frecuencia?

_____

_____

_____

¿Con qué ideas del perdón crecí?

_____

_____

_____

¿Le he exigido a alguien que sea de una manera que no es? ¿Qué tanto éxito alcancé?

_____

_____

_____

¿Exigí a alguien que me tratara de una manera diferente? ¿Acaso mi exigencia hizo que esa persona cambiara su comportamiento?

_____

_____

_____

¿Estoy dispuesto a modificar algunas de mis reglas que son en verdad ideas irracionales respecto a como otras personas deben comportarse?

_____

_____

_____

Anota algunas de las ideas irracionales o reglas que no son cumplibles y que estás aplicando en tu vida.

_____

_____

_____

¿Siento que no puedo perdonar porque no olvido?

_____

_____

_____

¿Pienso que si perdono le resto importancia a lo que sucedió?

_____

_____

_____

¿Siento que si perdono voy a continuar con una situación que ya no deseo para mi vida?

_____

_____

_____

¿He decidido quedarme un tiempo más con mi enojo? Si así es, ¿por qué?

_____

_____

_____

¿En cuántas ocasiones he negado mi dolor por soberbia?

_____

_____

_____

¿Qué beneficio alcanzo al quedarme enganchado al dolor? ¿Qué puedo perder si lo dejo ir?

_____

_____

_____

¿Continúo esta batalla interna por la necesidad que tengo de tener razón?

_____

_____

_____

¿Evito reconocer mi enojo y mi desesperanza?

_____

_____

_____

¿Sirve de algo o tiene algún sentido que se prolongue mi dolor?

_____

_____

_____

¿Cuánto tiempo me paso pensando en mis heridas y en mis desilusiones?

_____

_____

_____

La rabia a la que me aferro, ¿es una forma de controlar la situación?

_____

_____

_____

¿Es mi resentimiento una forma de evitar la intimidad?, ¿una manera de eludir y reconocer sentimientos más profundos de tristeza, desesperación, dolor, abandono y rechazo?

_____

_____

_____

¿Es mi rabia una forma de hacerme oír?, ¿una manera de castigar y desquitarme?

_____

_____

_____

¿Es mi rencor una forma de insistir en que el problema no es mío sino del otro?

_____

_____

_____

¿Es mi no perdonar una manera de hacer que la vida continúe tal como está y de evitar la claridad que podría proporcionar un cambio al que le temo?

_____

_____

_____

¿Qué metas puedo tener hacia el futuro?

_____

_____

_____

¿Qué sueños puedo llegar a realizar?

_____

_____

_____

¿No me canso de la cantidad de tiempo que paso y gasto pensando en ofensas que me han hecho en el pasado?

_____

_____

_____

¿Me fastidio cuando escucho a otras personas repetir una y otra vez la misma historia cargada de rabia y dolor?

_____

_____

_____

¿Busco compulsivamente reparar una relación, a pesar de las circunstancias o de mis propios sentimientos?

_____

_____

_____

¿Invento excusas para justificar al ofensor?

_____

_____

_____

¿Reprimo o inclusive llego a negar que se me haya ofendido?

_____

_____

_____

¿Pierdo toda asertividad para exponer mis necesidades, expresar lo que deseo y rechazar lo que no me gusta?

_____

_____

_____

¿El perdón social que he otorgado me ha resuelto los conflictos a largo plazo?

_____

_____

_____

¿Suelo perdonar sin procurar el diálogo y sin que mi ofensor tome conciencia de su responsabilidad?

_____

_____

_____

¿Qué aprendizaje he obtenido de mis experiencias de dolor?

_____

_____

_____

¿Puedo relatar una historia diferente en la que también pueda agradecer lo bueno?

_____

_____

_____

¿Perdonar o no perdonar? Esa es muchas veces la gran pregunta de la vida porque en el fondo significa ¿quiero ser feliz o no quiero ser feliz? ¿Por cuál de las dos opciones me decido?

_____

_____

_____

4

Liberarnos de la culpabilidad

«Así fueren vuestros pecados como la grana, cual la
nieve blanquearán. Y así fueren rojos como el carmesí,
cual lana blanca quedarán.»

Isaías 1,18

¡Qué lejos de la realidad está pensar que nuestros errores son imperdonables y cuánto nos alejamos de llegar a perdonar a otros cuando no lo hacemos con nosotros mismos!

¿Cómo es que yo, que he creído ser un semidiós no he pasado de ser un simple mortal? Indudablemente que la culpabilidad suele esconder mucha soberbia. Para poder librarnos de ella debemos empezar por aceptar que somos imperfectos y quebradizos.

No se requiere de maldad para lastimar a otro, la mayor parte de las veces herimos a los demás por nuestras faltas de atención, así como por nuestros juicios precipitados. Inclusive, cuando lastimamos a alguien con el deseo de que sufra, es porque consideramos que esa persona necesita aprender una lección. La mayor parte de las veces en que somos heridos, quien nos lastima cree que lo merecemos, aunque su percepción sea totalmente equivocada pero la realidad es que, en ocasiones, también tú y yo hacemos lo mismo. Muchas veces más que la intención de lastimar a otros sentimos la necesidad de hacer justicia.

Perdonarnos a nosotros mismos se torna en una tarea poco fácil de realizar, si de entrada no reconocemos que hemos cometido un error, o que aun sin querer, hemos lastimado a alguien.

En ocasiones no solamente necesitaremos perdonarnos a nosotros mismos por lo que hemos hecho, sino también por lo que hemos dejado de hacer. Pero si nuestra vida está llena de «si tan sólo…» y de «si yo hubiera…» la perderíamos casi toda tratando de cambiar lo que ya no está en nuestras manos, el pasado.

Por otra parte, todas las decisiones que hemos tomado pueden ayudarnos a ser mejores personas si nos proponemos aprender su lección y corregir el rumbo.

Nuestros errores son una oportunidad para conocer nuestra propia verdad, para dar una mirada a las zonas más profundas del corazón y poder encontrar allí al Dios que siempre perdona. Por ende, nuestra tarea y objetivo será llegar a aceptar nuestras sombras y las fallas de nuestra humanidad que constantemente está en proceso. Nadie es perfecto, situarnos con serenidad frente a nuestros errores, reconociendo nuestras culpas, es una actitud de dignidad humana, y el dolor y remordimiento que podemos padecer debe sanarse si queremos evitar que nos paralicen la vida y destruyan nuestra espontaneidad y capacidad de amar.

Perdonarnos a nosotros mismos significa amarnos y aceptarnos, condiciones básicas de una sana autoestima; en muchos casos es como volver a nacer, ya que la culpabilidad nos puede paralizar la vida y sabotear todo esfuerzo por lograr nuestras metas.

Sabemos de las bendiciones que podemos obtener al expresar nuestro arrepentimiento y pedir que se nos perdone, ¿entonces por qué fallamos muchas veces en nuestros intentos?, ¿por qué, con frecuencia, nos resulta difícil admitir que nos hemos equivocado y pedir que nos perdonen, aun cuando hacerlo lleva consigo la esperanza de obtener el perdón y la paz interior? Una posibilidad obvia es simplemente no desear hacerlo.

También, cuando mantenemos la rabia hacia alguien, optamos por actitudes defensivas y esto nos lleva a no querer confesar nuestros propios errores debido a la gran inseguridad de que podamos ser perdonados. La amargura, producto de esa rabia, nos impide expresar que estamos arrepentidos y nos dificulta el camino al perdón.

Independientemente de cómo hemos venido manejando nuestros sentimientos, heridas y enojo, debemos siempre optar por expresar nuestro arrepentimiento sin temer los riesgos de no ser perdonados.

Las barreras que se interponen en la expresión de nuestro sentimiento y pesar pueden ser:

- Tener que asumir la responsabilidad por la ofensa que hemos cometido con palabras o con acciones.
- Comprometernos a restituir el daño cometido.
- Procurar un cambio en nuestras actitudes y en la calidad de nuestras relaciones.
- Pensar que el reclamo que nos hacen es excesivo o injusto.

Todas estas acciones requieren de humildad y de voluntad de hacer a un lado nuestra soberbia. Las barreras para expresar el arrepentimiento, generalmente existen por la reticencia que a veces tenemos de reconocernos a nosotros mismos como vulnerables y capaces de cometer errores.

También debemos recordar, como se ha mostrado en la investigación psicológica, que en muchas ocasiones tenemos la tendencia a pensar que nuestros actos son mucho menos cruentos de lo que el ofendido puede estimar. Podríamos decir que hay una tendencia a percibir nuestras transgresiones como menos dañinas o menos serias de lo que la perciben las víctimas, creando, lo que algunos investigadores como Baumeister han llamado, «el abismo de la magnitud».

Ese abismo parece reflejar una distorsión que en el fondo es ventajosa para la persona, inclusive hace que algunos ofensores muchas veces se vean a sí mismos como víctimas y, en ocasiones, llegan a pensar que lo que hicieron fue responder a una provocación y de esa manera se justifican.

Debemos recordar que, en caso de agresión mutua, como en ocasiones suele darse en las discusiones de pareja que van degenerando en su tono hasta llegar a un nivel de comentarios muy hirientes por ambas partes, generalmente las personas involucradas están en desacuerdo con los cargos que se les hacen y se enfocan sólo en las heridas que ellos han recibido y no se dan cuenta o dejan atrás el papel que han desempeñado al lastimar a la otra persona.

Por otra parte, quienes lastiman, generalmente protestan cuando son confrontados por parte de la víctima que, con mucha rabia, los culpa por la problemática. Las personas que tienden a exteriorizar la culpa y tienen gran dificultad para empatizar con otros, por lo común tienen una tendencia a concebirse a ellos mismos como inocentes y aun cuando llegan a reconocer que han hecho mal, no aceptan que la carga completa de la culpa sea en realidad de ellos.

Pero recordemos que cuando nosotros somos las víctimas casi siempre percibimos la mayor culpa en nuestros ofensores. Esta discrepancia es muy común y se requerirá de un diálogo y de comprensión antes de que se llegue a aceptar la responsabilidad por lo que hemos hecho. Por lo tanto, será necesario ampliar nuestra capacidad de empatía y, aun expresando nuestros propios sentimientos heridos, reconocer el dolor que podamos haber causado.

Cuando se trata de relaciones cercanas siempre debemos valorar su importancia y, aunque no veamos la situación como la ve la otra persona, el hecho es que le duele a pesar de que nosotros sintamos que no es para tanto, pero para el otro sí lo fue.

Así como hay faltas que podemos dejar pasar y que no requieren de un diálogo profundo, todos nuestros errores ameritan una manifestación de arrepentimiento. ¿Qué necesitamos para que sea verdadero?:

- Debemos ser capaces de reconocer y aceptar la percepción que el otro tiene, aunque no sea igual a la nuestra.
- Tener empatía para poder percibir el dolor que la persona siente.
- Reconocer que lo que hicimos no fue adecuado y que lamentamos lo sucedido, esperando que se nos perdone.
- Comprometernos a no volver a causar daño y aunque sabemos que todos podemos fallar, nuestra intención debe ser firme y sincera.

Pedir perdón es una manera creativa de ejercer la virtud de la humildad y con ello una manera de ser humanamente más fuertes.

Culpa o culpabilidad

Estoy convencida de que debemos poder distinguir la diferencia que existe entre culpa y culpabilidad: la culpa puede ser una señal muy sana, ya que nos permite poner atención en los errores que hemos cometido y sirve para no evadir la responsabilidad de nuestros actos cuando afectan a otras personas; es como una alarma que nos alerta para ser conscientes de que lo que hicimos no es correcto y se aprovecha como oportunidad de recuperar la responsabilidad para actuar con integridad.

La culpa sana nos impone límites que nos indican si nuestra conducta o nuestras motivaciones son correctas o inapropiadas, sensibles o insensibles, íntegras o no. De acuerdo al psicoanalista Erik Erikson, desarrollamos el sentimiento de culpa, que guía nuestra conciencia, alrededor de los tres años de edad, cuando podemos empezar a apreciar la consecuencia de nuestros actos.

La culpa sana tiene cuatro funciones diferentes:

- Nos ayuda a tomar **conciencia.** ¡Qué terrible sería la vida si no nos diéramos cuenta de las consecuencias de nuestros actos y del daño que podemos causar a otros! Cuando una persona no percibe la posibilidad de cometer errores, ha perdido también la capacidad de percibir lo más esencial, profundo y característico de su ser: su libertad y sentido de responsabilidad. Cuando se llega a perder la conciencia de ser sujeto capaz de errar, el mal ya no se manifiesta bajo los síntomas de sentirnos culpables, sino que en angustia indefinida y en signos de depresión. Ser conscientes nos ayuda a transformarnos para ser mejores personas.
- **Sensibiliza** nuestro corazón hacia la empatía. En realidad no podrían existir relaciones humanas genuinas y satisfactorias sin esta capacidad de poder comprender afectiva y cognitivamente el marco de referencia que la otra persona tiene. Poder percibir y sentir la tristeza que puede haber experimentado el

otro, como consecuencia de lo que hicimos o dejamos de hacer, nos ayuda a tener un corazón de carne y no de piedra. No podemos ir por la vida ciegos al dolor que hemos causado, debemos saber escuchar al otro desde la empatía, tratando de ver su punto de vista desde su perspectiva, desde su forma de pensar y sentir. Sabremos que habrá ocasiones cuando lo que yo hago a mí no me resultaría ni tan grave ni tan doloroso si me lo hicieran pero, la verdad, es que la otra persona es diferente a mí y por ello la empatía es tan importante.

- Promueve la **justicia** a través de la reparación del daño. Todos sabemos que hay daños irreparables, pero también sabemos que cuando alguien nos lastima lo mínimo que esperamos es que nos pida perdón. La culpa sana nos permite acercarnos al otro para procurar compensar el daño material desde el exterior, cuando es posible, así como interiormente por medio de nuestro sincero arrepentimiento y de pedir ser perdonados.

- Genera **compromiso** personal de cambio para el futuro. La culpa sana toca nuestro corazón y nos impulsa a ser mejores personas, ya que nos compromete al constante esfuerzo de superación para procurar no volver a hacer lo que ha perjudicado y causado dolor a los demás. Una de las tantas tareas de nuestro compromiso es la de volver a ganarnos la confianza. Nuestras palabras demuestran nuestra intención, sin embargo nuestra conducta es la que expresa el compromiso con el cambio. Las heridas pueden tomar tiempo para sanar y algunas cicatrices siempre serán visibles. Pedir que nos perdonen toda la vida será necesario pero no suficiente, pues la humildad del perdón debe involucrar un cambio en nosotros. El gran filósofo, médico y rabino Moshé ben Maimón ya nos advertía que sólo podemos conocer el auténtico arrepentimiento de una persona cuando, al encontrarse en la misma situación, se abstiene de volver a repetir su error.

Podríamos decir que la culpa conlleva tres condiciones importantes: el arrepentimiento, la restitución y la regeneración. Es por ello que una conciencia demasiado elástica para sentir la culpa sana y demasiado pronta para autoperdonarse puede ser peligrosa para nosotros mismos.

Cuando sentimos culpa sana pero la ignoramos, o bien a pesar de haber sido perdonados por la persona a quien hemos ofendido, la seguimos prolongando en el tiempo, la convertimos en culpabilidad.

De acuerdo a Carl Jung, reconocido psiquiatra, caemos en la culpabilidad cuando nos negamos a mirar de frente nuestra propia realidad. Ante esa circunstancia la alternativa que tenemos es el auténtico perdón a nosotros mismos y dejar atrás lo que ya no está en nuestro presente. De nada sirve sentirse culpable por situaciones pasadas que, efectivamente, no se pueden cambiar.

Por otra parte, dramatizar nuestras culpas nos impide hacer un análisis de lo que realmente significa sentirnos culpables y nos lleva a dejarnos dominar y derribar por ellas. Esta situación conlleva una gran falta de autoestima que carece de objetividad y que no se adapta a la realidad, lo que hace casi imposible una autocrítica sana y la verdadera aceptación de responsabilidad. Nos hacemos jueces y nos condenamos a nosotros mismos por entero, lo que nos incapacita a valorar serena y objetivamente los acontecimientos, y a promover los cambios que sí necesitaríamos realizar.

También vale la pena mencionar que existe una distinción entre culpa y vergüenza. De acuerdo a la observación de diversas investigaciones, la culpa refleja un sentimiento negativo que se centra en una acción específica que, por lo común, va acompañada de un deseo de reparar el daño. La vergüenza, en contraste, se refiere a una percepción de que toda nuestra persona es mala, de que un aspecto de nuestro ser ha sido expuesto, lo que generalmente o, por lo menos, con frecuencia, va acompañado por un deseo de ocultar la ofensa.

En general, las personas que tienden a sentir vergüenza son más susceptibles a la ira, a la sospecha, a culpar a otros y a un comportamiento mucho más agresivo que las personas que tienden más hacia la culpa.

Comúnmente, los sentimientos de vergüenza nos generan respuestas autoprotectoras que, de alguna forma, pretenden ocultar la ofensa. Sentirla nos puede impedir avanzar hacia un sincero arrepentimiento, y es consecuencia de muchas tradiciones de tipo religioso que resultan ser más tóxicas que sanas.

Por otro lado, lo que se oculta detrás de nuestra culpabilidad es, generalmente, una gran soberbia o bien la creencia de que somos malos y no tenemos ningún remedio, con lo cual nos atormentamos una y otra vez hasta aniquilar, por completo, nuestra autoestima. Pareciera que no somos capaces de perdonarnos porque una falla desfigura y afea nuestra imagen hacia el exterior.

Algunas personas mantienen sus vidas atrapadas en la culpabilidad y la vergüenza por lo que hicieron en el pasado, en ocasiones se paralizan porque nunca se han perdonado a sí mismas por lo que consideran fue un fracaso y suelen decir, pensar y sentir que es mucho más difícil perdonarse que perdonar a otros.

La vergüenza y la culpabilidad son emociones que no nos ayudan a crecer. Cuando nos apoyamos en una sana autoestima nos podemos autoafirmar, a pesar de la vergüenza por ser rechazados, y es entonces que el sano perdón a nosotros mismos empieza a surgir.

Perdonarnos se torna en tarea más sencilla cuando comprendemos que todos podemos equivocarnos.

Si no realizamos el proceso de perdonarnos, la culpabilidad nos causará problemas de una manera u otra, y uno de sus aspectos más insidiosos es que en lugar de estimularnos a sanar y a cambiar de manera positiva, nos llevará a dictar sentencia contra nosotros mismos ya que, inconscientemente, el «yo culpable» exige castigo, promueve la depresión, la infelicidad, los sentimientos de inferioridad e incluso la enfermedad.

La psicología actual establece dos principios importantes: por una parte, la falta de conciencia de una culpa sana para hacernos responsables de una determinada acción y, por la otra, en contraste, el excesivo sentimiento de culpabilidad. Los sentimientos de culpabilidad reprimidos se exteriorizan en gestos de mal humor, fobias, irritabilidad y dureza en nuestros juicios.

También podemos caer en la culpabilidad cuando dramatizamos la culpa, lo que nos impide hacer un análisis de la situación, dejándonos dominar y derribar por ella. Este hecho conlleva una falta de autoestima que carece de objetividad y no se adapta a la realidad.

Casi siempre, cuando se toca el tema del perdón, de manera automática pensamos en perdonar a quienes nos han lastimado y, por supuesto, eso es muy importante, pero ¿cuántas personas se han quedado atrapadas en la culpabilidad? Hay quienes sin importar los meses y los años que pasen siguen sintiéndose mal por aquello que en algún momento hicieron. La pregunta que debemos hacernos es: *¿Sentirnos mal nos ayuda o nos resuelve el problema?* Tú, al igual que yo sabemos que esa culpabilidad no soluciona nada y, por el contrario, nos lleva simplemente a sentirnos cada vez peor.

¿Qué necesitamos para liberarnos de la culpabilidad? Como

bien sabemos, y tal vez lo hemos sentido, en ocasiones no basta con que el ofendido nos perdone. Hay quienes a pesar de que otros le insisten en que no ha sido tan grave la ofensa, que ya la han dejado atrás y que lo han perdonado de verdad, se siguen sintiendo culpables.

Por otra parte, ¿por qué habrá personas que habiendo lastimado a otras nunca se acercan a decirles: *Por favor perdóname?* Algunas de las situaciones que nos impiden salir de la culpabilidad son nuestras suposiciones equivocadas:

- **«Yo merezco ser perdonado»** y no tengo por qué pedir perdón. No se necesita decir que ésta es una terrible muestra de soberbia. Cuando lastimamos a alguien siempre debemos contemplar que si el ofendido nos perdona constituye un acto de nobleza de su parte que nos ayudará a liberarnos del punzante peso de la culpabilidad. Si vamos por la vida suponiendo que merecemos ser perdonados por ser tan estupendas personas y que ni siquiera tenemos que pedir que se nos perdone, esa actitud nos dejará muchas veces atrapados en una culpabilidad soterrada que nos llegará a causar daño.
- **«Si reconozco que cometí un error y pido que me perdonen daré la apariencia de ser una persona débil y vulnerable ante los demás.»** Aquí cabría la pregunta: *¿Y...? ¿Y qué* si eres *vulnerable?, ¿acaso no lo somos todos?* Esta suposición no solamente debe cuestionarse con el «¿y...?», sino que también apunta a un error de valoración que, con frecuencia, realizamos porque lejos de ser débiles por pedirle a alguien que nos perdone, hacerlo es muestra de una enorme fortaleza.

Esta errónea suposición a menudo la cometen personas que son figuras de autoridad: los padres en relación a los hijos;

los maestros en relación a los alumnos; los jefes en relación a los subalternos o todo sujeto que cree que por ocupar un puesto de mayor rango no debe rebajarse a pedir perdón. Pero la realidad es que perdonar significa reconocer nuestras flaquezas y se requiere de mucho valor para aceptar que nos podemos equivocar. Que una figura de autoridad pida perdón, lejos de debilitarla, la constituye como persona de auténtica grandeza ante los ojos de los demás.

- **«No merezco que me perdonen.»** En esta suposición el problema que subyace es el de una muy empobrecida autoestima. Todos podemos equivocarnos y también todos merecemos ser perdonados, suponer que no nos aleja de la realidad y de la resolución del problema creándonos, a la vez, una culpabilidad totalmente permeada de tristeza.

- **«Nadie podrá deshacer el mal que hice.»** Ciertamente que hay actos que una vez realizados nunca podrán deshacerse; hay objetos que se rompen y no se pueden volver a pegar. Aun cuando al tratarse de bienes materiales los podríamos sustituir, el dolor que la otra persona sufra, ya se sufrió. Sin embargo, no caigamos en el error de pensar que hacer el esfuerzo para que se nos perdone no marca ninguna diferencia. Nos sorprendería darnos cuenta de cómo, en muchas ocasiones, el simple hecho de tener la humildad de reconocer nuestro error, acercándonos al otro para decirle: «*Por favor perdóname*», puede hacer que las circunstancias se transformen.

Pedirle al ofendido que nos perdone da paz a su corazón y, en muchos momentos, eso es lo único que se necesita para ser perdonados. Inclusive, cuando los actos son verdaderamente irreparables, la única alternativa que tenemos para subsanar el daño es, por lo menos, pedir que se nos perdone.

- **«Nada de lo que yo haga puede corregir lo que ya hice.»** Efectivamente, hay hechos que no se pueden corregir, no todo es tan fácil como decir: *Te rompí el jarrón y te compraré uno igual o mejor.* Hay ocasiones que aun tratándose de objetos, estos no se pueden reemplazar. Por ejemplo, si el jarrón era una herencia familiar será imposible reponerlo. Ni qué decir cuando lastimamos a una persona en su sensibilidad, cuando la hemos humillado, eso no se puede reparar.

  Sin embargo, como ya decíamos, nunca pienses que tu esfuerzo por acercarte a esa persona para pedirle que te perdone no es lo que pueda marcar la diferencia abismal entre no hacer nada y enmendar una situación. Ponte en sus zapatos, acuérdate de cuando alguien te ha ofendido y te darás cuenta de que lo mínimo que esperas, aunque el daño haya sido irreparable, es que por lo menos tenga la capacidad de decirte: *Perdóname.* Si en realidad te pones en esa situación, te percatarás de lo importante que ese gesto puede ser y por ello serás consciente de que una de las maneras en que reparamos esos daños irreparables es, precisamente, acercándonos al ofendido para pedirle que nos perdone.

- **«Nunca me van a perdonar.»** Todos hemos sentido en algunas ocasiones que pedir perdón será inútil. ¿Realmente lo creemos?, o ¿utilizamos esta suposición para justificar nuestras dudas y nuestra falta de humildad para ganarnos la buena voluntad y el perdón del ofendido? La mayor parte de las veces esto no nace de una convicción de que sea verdad, sino más bien expresa un sentido de tristeza y desesperanza. Nuestra creencia de que nada de lo que hagamos podrá lograr que se nos otorgue el perdón puede favorecer el sentimiento de indefensión y hacernos caer en la culpabilidad.

Por otra parte, nuestra creencia de que no seremos perdonados puede convertirse en una profecía autocumplida, pero no porque el ofendido no esté en la disposición de perdonarnos, sino que por nuestra actitud derrotista no haremos lo necesario para que así sea.

- **«Pedir que me perdonen es como reconocer que soy la única persona que se equivocó, y el otro también tuvo su parte.»** Indudablemente que hay situaciones en que aunque nosotros hayamos cometido un error, la otra persona también tuvo parte. Sin embargo, que el otro haya participado en las razones por las cuales se llegó a una mala situación, eso no nos exime de reconocer la parte que nos corresponde. Ser sensibles al dolor de la otra persona no significa que lo declaremos totalmente inocente o ajeno a lo sucedido. Cuando nosotros le pedimos a alguien que nos perdone es por el daño que nosotros hayamos causado.

Siempre desearemos que la persona reconozca la parte que le corresponde, pero eso podría venir después. De hecho, pedirle a alguien que nos perdone se convierte, en muchas ocasiones, en la puerta que abre la conciencia del otro para que también se dé cuenta de su participación. Si esa conciencia no llegara a manifestarse, tendríamos que movernos en la dirección de perdonar a quien nos ha lastimado, tema que trataremos en los capítulos 5 y 6. Independientemente de la responsabilidad de la otra persona, para nosotros siempre será liberador tomar la decisión de pedir perdón, reconociendo la parte que nos corresponde.

Debemos detenernos a cuestionar algunas de las suposiciones que podemos tener respecto a lo que significa pedir perdón para darnos cuenta de cómo se bloquean nuestros esfuerzos por hacerlo y/o alcanzarlo.

¿Qué necesitamos para perdonarnos?

Todos estamos conformados por luces y por sombras, por fragilidades y fortalezas, reconocer esta ambigüedad que nos habita nos ayudará en el camino del autoperdón. Perdonarnos a nosotros mismos implica un sentimiento de autoaceptación, de sentirnos afirmados con la seguridad de que nada nos puede robar la capacidad de amar y ser amados.

Existen diversas maneras de sentirnos a disgusto con nosotros mismos en relación a la culpa y el autoperdón. El doctor Luskin nos habla de cuatro de ellas:

- Nos sentimos mal por haber fracasado en alguna tarea que consideramos personalmente importante para nuestra vida, como no haber terminado nuestros estudios, no haber encontrado una pareja o no haber tenido hijos y sentir que parte de nuestra vida ha sido un fracaso.
- Nos sentimos mal por no haber tomado acción cuando creemos que hubiera sido necesario, tanto para ayudarnos a nosotros mismos como para ayudar a otras personas.
- Nos sentimos molestos con nuestra propia persona por haber lastimado a alguien, por haber engañado o por no haber sido honestos.
- Nos sentimos derrotados por nuestras acciones autodestructivas como el alcoholismo o por la pereza y apatía que nos impidieron hacer lo que teníamos que hacer.

Ya hemos conversado respecto a que el perdón es un proceso
que también tendremos que recorrer cuando va dirigido a nosotros
mismos. Para transitar por ese camino necesitamos realizar ciertas
tareas:

- **Reconocer la verdad.** No podemos resolver problemas y mejorar si de entrada no aceptamos la realidad, acto que nos hace
ser concretos para no mezclar nuestras faltas y sentirnos abru-
mados. Cargarle a nuestro error de hoy el peso de todas las
faltas de ayer nos lleva a sentirnos sobrecogidos por la culpa y
no merecedores de ningún perdón. En este punto lo importante es reconocer los hechos de la manera más objetiva posible y aceptar nuestra participación.
- **Asumir responsabilidad.** Esto implica ser conscientes de las
consecuencias de nuestros actos y tratar de reparar el daño
que hayamos causado, cuando eso es posible. De no serlo,
nuestra capacidad de pedir que se nos perdone será la mejor
manera de empatizar con quien hemos ofendido. En ocasiones, la vergüenza surge de tener que asumir responsabilidad
por lo que hemos hecho, lo cual tiene que ver con aceptar el
papel de una persona que tendrá que pedir ser perdonada.
Cuando nos tratamos de justificar por lo que hemos hecho y
que ha lastimado a otra persona, rehusándonos a asumir responsabilidad, esto nos llevará a un juicio mucho más duro y
mucho más rígido de nosotros mismos y, por lo tanto, a un
mayor deseo inconsciente de castigo, alejándonos aún más
del perdón.
- **Aprender de la experiencia.** Ésta debe ser una tarea de inte-
riorización que nos lleve a reconocer los sentimientos más
profundos que motivaron nuestro comportamiento. Cada vez

que tú o yo hacemos algo que daña o lastima a otro, generalmente lo hacemos por algún sentimiento interior que nos impulsa a reclamar algún tipo de justica. Este sentimiento puede o no estar justificado, sin embargo, no nos disculpa de haber actuado como lo hicimos, pero reconocer la emoción que en realidad motivó nuestra acción nos ayudará a trabajar para llegar a satisfacer o sanar algunas de nuestras necesidades más profundas.

- **Abrir el corazón a nosotros mismos.** Al abrir el corazón y reconocer los sentimientos que nos han llevado a actuar de una manera equivocada o muy poco sensible, tenemos que aprender, a la vez, a escuchar compasivamente nuestros temores, peticiones de ayuda y autovaloración que hay en nuestro interior. Se dice que nadie puede dar lo que no tiene y, en el fondo, nunca nos será posible abrir el corazón a otros si no somos capaces de abrirlo a nosotros mismos. Debemos reconocer nuestras fragilidades y errores sin un juicio inmisericorde que sólo nos llevaría a sentirnos peor y, quizás, a nunca resolver el problema.

- **Cicatrizar las heridas emocionales.** Esos sentimientos que pueden haber motivado nuestra conducta y que representan algún tipo de petición, pueden estar conectados con experiencias de nuestro pasado, con heridas que no han cicatrizado, con recuerdos que, al aflorar, cargan sobre nuestra circunstancia presente el peso del ayer. Debemos atender esas necesidades de manera amorosa, responsable y, por lo tanto, sana, procurando la ayuda necesaria para dejar el pasado atrás.

- **Aliarnos con nosotros mismos.** Puede que seamos culpables de un comportamiento determinado, pero nuestra esencia es siempre buena y digna de amor. Afirmar lo bueno de nuestra naturaleza fundamental y darnos la oportunidad de volver a empezar es una alianza que nunca debe romperse con nuestra propia persona.

Perdonarnos verdaderamente a nosotros mismos requiere de vernos en profundidad y con sinceridad; no todos estamos dispuestos a hacerlo, para algunos es preferible sentirse culpable. Perdonarnos requiere dar un paso atrás y mirar con objetividad, perspectiva y sinceridad a las personas y a las circunstancias que influyeron en nuestros pensamientos, sentimientos y comportamiento.

El autoperdón está íntimamente relacionado, como ya hemos dicho, con nuestra autoestima, con la imagen que tenemos o aprendimos a tener de nosotros mismos. ¿Creciste creyendo que hacer algo malo te convertiría de inmediato en una persona malvada? Tenemos que aprender a reconocer la diferencia entre «*cometí un error*» y «*soy un error*» o bien «*hice algo malo*» y «*soy una mala persona*».

Siempre somos personas dignas de amor, tal vez algunos de nuestros actos no lo hayan sido, pero nosotros siempre lo somos.

También debemos considerar que algunas personas han aprendido a sentirse culpables por hechos que estaban totalmente fuera de su control. Haber experimentado maltrato físico, abuso sexual o situaciones de adicción, que aun siendo niños sabíamos intuitivamente que eran incorrectos, pero que nosotros no podíamos cambiar, nos puede llevar a sentirnos culpables por ellas, con un sentimiento simultáneo de impotencia y vergüenza.

Experimentar vergüenza no sólo puede ser el resultado de saber que hemos lastimado a alguien, sino de haber sido lastimados nosotros mismos por alguien que no podíamos comprender que lo hiciera, cuando al mismo tiempo se nos decía que nos amaba tanto. Que un abuelo abuse de nosotros cuando a la vez es una figura de amor y protección, nos causa tanta confusión que llegamos a sentir, siendo niños, que nosotros debemos ser culpables por el inexplicable comportamiento de alguien que nos ama. También y tristemente, tenemos que aceptar que la vergüenza es, en ocasiones, el resultado de muchas tradiciones de tipo religioso que resultan ser más tóxicas que tónicas y sanas.

Una manera de asegurarnos la culpabilidad es exigirnos siempre la perfección, la cual puede ser nuestro más cruel enemigo. Esta exigencia nos sume en guerra con un saboteador que jamás podrá ser derrotado puesto que no somos perfectos. Aceptar nuestros errores no supone derrota ni resignación. Aceptarnos es una «opción» activa que nos permite movernos hacia el cambio, ya que mientras no aceptemos los hechos como son, no procuraremos modificarlos. Debemos admitir lo que hemos hecho y a la vez saber distinguirlo de lo que somos, con lo cual nos podemos disponer a mejorar todo lo que deseemos. El único verdadero error que realmente llegamos a cometer es no aprender de nuestros errores.

Algunos de los sentimientos de culpabilidad que se albergan en nuestro corazón están relacionados con la forma en que aprendimos a ser amados. ¿Creciste creyendo que los demás te amaban, te respetaban y te aceptaban, incluso aunque no hicieras nada especial? o ¿aprendiste que el amor, el respeto y la aceptación eran condicionados, que dependían de cómo actuaras o te comportaras?

Todos hemos sentido vergüenza, culpabilidad, tristeza y remordimientos; todos hemos deseado haber actuado de un modo diferente en algún momento de nuestra vida. Las frases *«jamás podré perdonarme por…»*, *«tendría que haber…»*, *«nunca debería de haber hecho…»*, *«ojalá hubiera…»*, nos pueden resultar familiares a todos.

En lugar de maltratarnos por lo que ya hicimos, podemos aprender a ver que las decisiones que tomamos o las elecciones por las que optamos fueron las que nos parecieron mejores y más seguras en esos momentos, a pesar de que hayan resultado ser contraproducentes o perjudiciales. También debemos recordar que la rigidez y temor nos llevan, muchas veces, a adoptar actitudes defensivas que pueden desembocar en conductas que lastiman a los demás.

Por otra parte, tenemos que reconocer que, en algunas ocasiones, lo que elegimos hacer es el resultado de un estado de ánimo descontrolado que nunca representará la totalidad de lo que nosotros somos. Al perdonarnos a nosotros mismos por haber lastimado a alguien y al confrontar nuestra conducta, nunca debemos pensar que somos lo que hacemos. Debemos poner los hechos en perspectiva, valorándonos por todo lo bueno que también hay en nosotros y procurándonos el mismo corazón compasivo que tendríamos hacia un ser querido.

Por un instante imagina cómo sería vivir con alguien que continuamente te critica, te dice que siempre te equivocas y que eres una persona mala, tonta o incapaz. Lo más probable es que esta convivencia agotaría tu confianza en ti mismo y tu motivación para efectuar los cambios que deseas.

Ahora imagina que aun a pesar de que cometes errores, vives con una persona amable que, aunque se da cuenta de tus equivocaciones, en lugar de maltratarte te ofrece aceptación, amor y te ayuda a examinar tus opciones con claridad, compasión y sabiduría. También imagina que te ayuda a identificar los sentimientos que te motivaron a actuar como lo hiciste y comprende que tus actos, a pesar de ser erróneos, han sido un intento de encontrar alivio y te tranquiliza y asegura que puedes actuar de manera diferente.

Imagina si te convirtieras para ti mismo en ese amigo que te apoya… Después de todo, e inspirados en el buen Sócrates, debemos recordar: «*Yo sólo sé que voy a vivir conmigo mismo el resto de mi vida, más me vale vivir en buena compañía*».

Por último, recuerda que al igual que ocurre al perdonar a quienes nos han lastimado, perdonarnos a nosotros mismos no significa justificar y mucho menos condonar un comportamiento que ha sido dañino y que ha lastimado a otras personas.

Pedir que nos perdonen

Si en realidad queremos a una persona y la relación nos interesa, aunque no estemos de acuerdo con su percepción, nos debe importar cómo se siente y hacer los cambios para no volver a caer en la misma situación. En ocasiones, la única manera de reparar el daño es la de tener la capacidad de pedir que se nos perdone. Una persona que ha sufrido una ofensa que le ha dolido, podrá perdonar más fácilmente a quien la ofendió cuando ésta se acerca sintiéndose apenada y arrepentida por lo que ha hecho.

El esfuerzo que hagamos por mantener contacto con la persona a quien hemos ofendido puede facilitar el camino del perdón. El enojo justificado de alguien que ha sido víctima de una ofensa puede ir disminuyendo cuando se da cuenta y cree que su ofensor asume responsabilidad y se siente verdaderamente arrepentido.

Todo aquel que haya recorrido el camino del perdón sabe que siempre puede existir la posibilidad, al pedir ser perdonado, que se le rechace; exponernos a ese hecho es asunto de valientes porque requiere que dejemos a un lado la máscara de nuestra soberbia que, en ocasiones, constituye lo que sentimos como protección.

Podemos pedir perdón hablando directamente con la persona

ofendida o, cuando eso no es posible, escribiendo una carta. También para liberarnos de la culpa pueden ser de gran ayuda el desahogo y la visualización.

Hacerlo de manera directa

Lo que hace que nuestro pedir perdón sea adecuado es que asumamos la culpa como algo personal, reconociendo no sólo lo que nosotros hicimos, sino también el daño que causamos a la otra persona. Nuestro pedir perdón debe salir del corazón, haciéndolo no únicamente para liberarnos de la culpa, sino porque en realidad nos duele haber lastimado a la otra persona. Nos serviría recordar lo que el rabino Ernst Stein, de la comunidad judía en Berlín, dice: «*Dios mismo no está interesado en nuestros rituales, Él está interesado en nuestra humanidad*»; asumir responsabilidad por el daño que hemos podido causar requiere de genuina humildad y contacto con nuestra fragilidad.

En ocasiones, cuando lastimamos a alguien, queremos mostrar nuestro arrepentimiento a través de detalles y gestos agradables, pero estas conductas, a pesar de ser sinceras, no pueden sustituir que pidamos perdón de manera directa.

Como prevención, si realmente deseamos pedir perdón, debemos ser conscientes, como lo apunta la doctora Abrahms, de que hay ciertas maneras de hacerlo que casi nunca resultan adecuadas.

- **La rapidita.** Consiste en decir cualquier tontería tan rápida y simple como: «*Lo lamento*», sin procurar un diálogo que muestre un sentimiento auténtico.
- **La del inconsciente.** Se expresa diciendo cosas como: «*Perdóname por lo que haya hecho que esté mal*», lo que supone en

realidad: «*No quiero darme cuenta de lo que efectivamente sucedió*».

- **La endurecida.** Cuando decimos frases como: «*Perdóname si es que herí tus sentimientos*», mostramos no tener sensibilidad ante el dolor que pudimos haber causado.

- **La de mala gana.** Al decir algo como: «*Ya te dije que lo siento, qué más quieres*», mostramos que, en el fondo, no quisiéramos tener que pedir perdón.

- **La convenenciera.** Mostramos que nuestro pedir perdón está condicionado por nuestros propios intereses, cuando decimos frases como: «*Sé que me va a ir peor si no te pido perdón, así que perdóname*».

- **La justificada.** Decir: «*Lamento haberlo hecho pero tú tampoco eres un santo*», muestra que sentimos que, de alguna manera, puede estar justificado lo que hicimos.

- **La despreciativa.** Cuando queremos minimizar el impacto de lo que hicimos y consideramos que el ofendido no tiene mayor razón de sentirse como se siente, decimos frases como: «*Lamento haberte lastimado pero tampoco fue para tanto*».

- **La inyectadora de culpa.** Cuando cuestionamos y decimos: «*¿De verdad quieres que te pida perdón por eso?* Damos a entender que el ofendido debe sentirse mal al esperar que le pidamos perdón.

Siempre será importante recordar que cuando alguien manifiesta haber sido lastimado, aun cuando no fue nuestra intención hacerlo o cuando no percibimos que lo que nosotros hemos hecho sea motivo para que la persona se sienta lastimada, la realidad es que el ofendido siente dolor y siempre será necesario expresar que lo lamentamos y pedir perdón. Si este acto se hace con sinceridad ayudará a que la relación mejore, pero si únicamente se hace para «llevar la fiesta en paz», con el tiempo la relación se deteriorará cada vez más.

Una expresión como: «*En realidad lo siento, pero creo que exageras*» tan sólo implica que reconozco el aspecto social del perdón y no el dolor de la herida. Decir : «Yo *no tengo por qué pedirte perdón*» muestra que no tenemos ningún interés real y afectivo por la otra persona. Si no reconocemos lo que el otro siente, aunque nuestra percepción sea distinta, nunca daremos ni el aire, ni el sol, ni el agua que toda planta requiere para crecer, lo mismo que toda relación.

La mejor manera de abordar a la persona a la que hemos hecho daño o hemos tratado con insensibilidad es reconociendo la verdad con franqueza y pidiéndole perdón.

Necesitamos aprender a escuchar las emociones soterradas que pueden estar detrás de la ira de quien hemos lastimado, así como sus necesidades de reconocimiento y compañía. De igual forma, procuremos ser francos al reconocer los sentimientos propios que nos llevaron a actuar como lo hicimos. Casi todos nosotros hemos sentido, alguna vez, que teníamos que defendernos ocultando, a través de nuestra agresión, sentimientos de temor o soledad.

Como ya habrás observado evitamos el verbo «disculpar», ¿existe alguna diferencia entre ofrecer disculpas y pedir perdón?, desde mi perspectiva personal son dos verbos muy distintos.

La palabra «disculpa» implica no ser responsable de lo acontecido, el Diccionario de la Real Academia Española (DRAE) la define como: «Razón que se da o causa que se alega para excusarse de una culpa».* Ofrecemos una disculpa cuando lo acontecido estaba fuera

* Real Academia Española, *Diccionario de la Lengua Española*, Espasa Calpe, Madrid, 1970, Decimonovena edición.

de nuestro alcance, por ejemplo: por no haber cumplido con una cita puntualmente por quedar atrapados en el tránsito y sin teléfono por no haber enviado a tiempo la medicina prometida porque no fue posible encontrarla; por no haber brindado el servicio contratado a la hora pactada por una falla en el servicio eléctrico, etcétera. En todos estos ejemplos podemos y debemos ofrecer una disculpa, pero notemos que no fuimos «culpables» por lo sucedido. Pedir perdón significa que reconozco mi propia responsabilidad por haber causado daño o lastimado a una persona sin evadir mi responsabilidad.

Por otra parte, siempre que procuremos acercarnos a alguien debemos ser conscientes de que, en términos generales, existen tres tipos de personas con las que nos podemos encontrar:

- Las que nos recibirán con gusto, querrán resolver la diferencia y tendrán el deseo de continuar con la relación.
- Las que nos recibirán con gusto, querrán resolver la diferencia, pero no desean reanudar o continuar la relación. Es obvio que resultaría contraproducente tratar de imponerles nuestro deseo de que la relación sea retomada.
- Las que nos recibirán con gran disgusto o ni siquiera quieran recibirnos, y no desean ningún tipo de resolución al conflicto y mucho menos continuar con la relación. Sería un verdadero absurdo tratar de imponerles un diálogo.

Pedir perdón puede ser un acto de humildad y liberación, pero sólo cuando lo hacemos de corazón y sin expectativas. Esperar ser aceptados con alegría es predisponernos al enojo y correr el riesgo de volver a hacer o decir algo que profundice la herida.

Siempre procuremos recordar que a pesar de nuestro verdadero arrepentimiento o de que hayamos realizado cambios positivos en nuestra conducta, dejando de hacer lo que provocó dolor a la otra persona, es posible que ella no esté aún preparada para perdonar o dispuesta a hacerlo.

Debemos tener cuidado de no tratar de imponer la necesidad de resolver el conflicto a quien no lo desea, pero todavía es mucho más importante no permitir que la rabia, el temor o el rencor del otro convierta el fuego de nuestra culpa en un incendio que nos consuma. Aceptemos que los demás deseen estar donde están, respetemos el derecho que tienen a sentirse de la manera en que se sienten y a tomar las decisiones que toman.

Independientemente de que siempre debemos aceptar y respetar el derecho que toda persona tiene a sentirse de la manera en que se siente y de tomar las decisiones que desea, debemos cuidarnos de no quedar atrapados en la culpabilidad porque el ofendido no desea perdonarnos. ¿Cuántas veces puedes pedirle perdón a alguien? Creo que la maravillosa tradición del Yom Kippur, de los hermanos judíos, nos da la pauta para nunca quedar atrapados en el rencor del otro.

El Yom Kippur es la fiesta central del judaísmo, el Día de la Expiación y el Perdón. Los diez días previos a la festividad se denominan *Aseret leme Teshuvá*, los días del retorno (al Creador) tiempo de arrepentimiento.

Durante ese tiempo es un deber reconciliarse con familiares, amigos y conocidos. Si se ha ofendido a alguien se debe solicitar su perdón y procurar compensarlo. Será, si es necesario, visitarle hasta tres veces, pero si después de esas tres visitas el ofendido se sigue rehusando a perdonar, el ofensor no tiene obligación de insistir. Esta es una sabia tradición que nos recuerda que no debemos quedar atrapados en la culpabilidad, por el rencor que una persona puede guardar en su alma, rencor que él mismo tendrá que dejar ir para poder presentarse limpio de corazón ante Dios en el Día de la Expiación.

Debemos tener cuidado de que el resentimiento del ofendido y su rabia no nos deje atrapados; recordemos que habrá ocasiones en que negarse a perdonarnos puede ser, para algunos, su manera de vengarse o de procurar obtener alguna ganancia secundaria.

Escribir una carta

La escritura puede constituir una poderosa herramienta para pedir perdón y sanar relaciones. Habrá ocasiones en que éste sea nuestro mejor recurso porque la persona ofendida no sea accesible, haya fallecido o se niegue a recibirnos.

La investigación nos ha mostrado las consecuencias, tanto físicas como mentales, que nos trae reconocer nuestra emotividad y la capacidad de sentirnos arrepentidos por haber ofendido a alguien pidiéndole que nos perdone por escrito.

Como ha sido demostrado recientemente las personas que escriben respecto al contenido emocional de los eventos que les han sido desafortunados, generalmente tienen una mejoría a corto plazo en su fisiología, seguido por un decrecimiento a largo plazo en problemas de salud.

A pesar de que los mecanismos detrás de estos cambios fisiológicos no estén totalmente claros, los beneficios pueden ser el resultado de nuestra habilidad para encontrar sentido, propósito y significado a lo sucedido o bien por el hecho de que al expresar por escrito lo que sentimos, nos liberamos del peso de la represión de esos sentimientos. Esta investigacón nos hace ver que escribir respecto a las transgresiones que hemos cometido y los incidentes desagradables, puede traer beneficios no sólo para las personas que los han causado, sino también para quien los ha padecido.

La carta que escribamos, sobre todo cuando no nos es posible hablar de manera directa con el ofendido, la podemos guardar y re-leer las veces que necesitemos y con el tiempo destruirla o bien po-demos enviarla a la persona o, como algunos hacíamos cuando éra-mos pequeños con la carta de Santa Claus, atarla a un globo y dejarla ir. Lo importante es la expresión de los sentimientos que ha-gamos a través de ella.

El desahogo

Karl Menninger, reconocido médico psiquiatra, solía decir que si realmente supiéramos tener amigos, tal vez no habría necesidad de tantos psiquiatras. El amigo es quien nos escucha y nos permite de-sahogarnos. Cuando sentimos culpabilidad es importante hablarlo con alguien, «confesarlo» que significa declarar y reconocer, viene de la palabra griega *metanoia,* que a su vez significa «cambio en la manera de pensar».

En la tradición católica la confesión o sacramento de reconcilia-ción tiene sus orígenes en esta gran necesidad de desahogo y trans-formación.

En la vida monástica cada monje tenía su director espiritual ante el que desnudaba su conciencia. No se trataba sólo de confesar las faltas, sino de manifestar los pensamientos, sentimientos, inclina-ciones y carencias. Más que un ritual, esta práctica constituía un acompañamiento espiritual necesario para avanzar en el camino ha-cia Dios; en ella se buscaba, con toda honestidad, el autoconoci-miento para iluminar las oscuridades del alma y superar las tenden-cias negativas. Podríamos pensar que, independientemente de la gracia que el sacramento representa para los que somos creyentes, el desahogo que se logra constituye, en muchas ocasiones, una especie de terapia que nos libera.

Cada uno de nosotros elegirá cómo y con quién expresar su desahogo, pero hacerlo constituye una vía de liberación para nuestra culpa, haciéndonos transitar por la conciencia de nuestros actos, la sensibilidad hacia el dolor de otra persona, el deseo de equilibrio y justicia, así como para nuestro compromiso de cambio.

Carl Jung habla del desahogo como el ejercicio que permite hacer caer el muro que nos separa de los demás y de nosotros mismos, en un medio donde podemos reconocer nuestra fragilidad, errores y sentimientos de culpa, proceso necesario para nuestra salud psicoemocional. Sin embargo, ese desahogo no resultará positivo si no lo realizamos dentro de un marco de absoluta confianza y en circunstancias en las que nadie nos habrá de condenar, sino aceptarnos sin condiciones. Un marco que reúne esas características es, en la actualidad, el de la conversación con un entrañable amigo, la psicoterapia o el sacramento de la reconciliación dentro de nuestras tradiciones religiosas.

La visualización

Dentro de los contextos terapéuticos, los ejercicios de visualización que nos ayudan a procesar nuestras emociones, hasta llegar a sentir compatibilidad entre una imagen que anteriormente nos ha removido la culpa con un estado de absoluta serenidad, nos serán de gran ayuda para avanzar más rápido. Mi propia experiencia impartiendo talleres del perdón, por más de quince años, me ha mostrado los enormes beneficios que se pueden lograr con este método.

Aun cuando reconozcamos que no fue nuestra intención causar daño o sintamos haber actuado con afán de justicia al lastimar a otra persona y, sobre todo cuando tenemos interés en la relación, siempre tendremos que ser capaces de pedir perdón; podemos sacar a otras personas de nuestra vida, pero no podemos huir de nosotros mismos ni de la voz que nos habla en nuestro interior.

No podemos negar, como ya sugerimos, que si las relaciones son como una planta que debemos cuidar, saber reconocer el daño que hacemos y pedir que se nos perdone, es como el aire, el agua o la luz que la planta requiere para seguir viva.

Cuando nos perdonamos a nosotros mismos nuestra perspectiva del mundo cambia y la manera en que nos relacionamos se transforma; dejamos de escuchar esas voces dolorosas del pasado y, sobre todo, les quitamos el poder que han tenido sobre nosotros.

Sin errores no hay verdadera madurez ni ampliación hacia nuevos horizontes. La experiencia de nuestra propia culpa nos puede señalar el inicio de una transformación interior que nos convierta en mejores personas.

Perdonarnos es la respuesta a una necesidad medular en esta época, resolver el problema de nuestro desgarramiento interior y de nuestra incapacidad para poder vivir en paz con nosotros mismos. El arrepentimiento y el autoperdón verdadero mejoran nuestra autoestima y de ella surge un deseo de afirmar y fortalecer la verdad en nosotros, lo cual representa una gran manifestación de poder creativo para nuestras vidas.

Ser seres humanos significa que tú y yo podemos fallar y que podemos causar daño a otras personas. El mayor impedimento para perdonarnos y cambiar nuestra conducta serán nuestros hábitos, pero es a través del autoperdón que nos permitimos enmendar nuestras acciones y podemos iniciar el camino que los llegue a superar. Errar tan sólo demuestra que somos humanos, y perdonarnos puede facilitar que comprendamos a otras personas cuando ellas se equivocan. Si no te puedes perdonar a ti mismo, ¿cómo podrás verdaderamente llegar a perdonar a otros?

En la tradición cristiana san Juan evangelista nos dice: «*Aunque nuestro corazón nos condene, Dios es más grande que nuestro corazón y conoce todas las cosas*». Dios es un Dios de perdón, a nosotros nos corresponde procurar parecernos a Él e imitarle como modelo.

Tal vez el más grande acto de valor del que somos capaces es el de perdonarnos a nosotros mismos. De perdonarnos por todo lo que hicimos y no deberíamos haber hecho; por todo lo que pudimos haber sido y no fuimos; por todo lo que pudimos hacer y no hicimos. Lo que necesitamos es tener fortaleza para reconocer la verdad, asumir la responsabilidad, ser auténticamente humildes y trabajar por la libertad para seguir adelante.

EJERCICIO DE REFLEXIÓN

Hagamos un alto para reflexionar, recordando que la culpa sana nos ayuda a tener conciencia para cambiar, mientras que la culpabilidad es una actitud que, al mantenerse en el tiempo, nos causa mucho daño. Te recomiendo que te relajes y, con la mayor honestidad posible, des respuesta a las siguientes preguntas. Contestarlas te ayudará a tomar nota de perspectivas que pueden cambiar y ayudar a superar el dolor y el autorreclamo por un pasado que ya se fue.

¿De qué experiencia me siento sinceramente culpable?

_____

_____

_____

En relación a la experiencia que evocas con la pregunta anterior, reflexiona durante unos minutos sobre la causa de tu comportamiento. ¿Qué aprendí o puedo aprender ahora de esa experiencia? ¿Cómo podría actuar de otra manera si me encontrara en una situación similar en el futuro?

_____

_____

_____

¿Qué experiencias aún me duelen por el dolor que pude causarle a otras personas?

_____

_____

_____

¿Qué cargo pesa aún sobre mí?

_____

_____

_____

¿Dónde está realmente el fallo de mi responsabilidad?

_____

_____

_____

¿Qué fue lo que me llevó a violentar, a devaluar o a tratar irrespetuosamente a esa otra persona?

_____

_____

_____

¿Qué pensamientos cruzaban por mi cabeza para que haya actuado de manera insensible?

_____

_____

_____

¿Cómo es que me di a mí mismo permiso para actuar de la manera en que lo hice?

_____

_____

_____

¿Cómo fue que me justifiqué?

_____

_____

_____

¿Qué puedo aprender de mí mismo al responder a estas preguntas?

_____

_____

_____

¿He necesitado que alguien me perdone en el pasado?

_____

_____

_____

¿Necesito pedir perdón a alguien?

_____

_____

_____

¿Con qué clase de persona quiero vivir? ¿Con quien me critica constantemente o con quien, reconociendo y comprendiendo mis errores, me anima a corregirlos y a cambiar?

_____

_____

_____

Escribe una carta en la que puedas expresar tus sentimientos y pedir perdón a alguien.

_____

_____

_____

_____

_____

_____

_____

_____

_____

_____

_____

_____

_____

_____

_____

_____

_____

_____

_____

_____

_____

5

El proceso psicoemocional del perdón

«La narrativa y el constante recuento de nuestra
historia de dolor lo único que hace es que profundiza y
perpetúa el dolor mismo, el problema que lo ocasionó,
incrementando el malestar de la situación.»

WILLIAM JAMES

Perdonar nunca debe significar alejarnos de la realidad. Quien nos diga: *«Mira, no es para tanto, deja de pensar en ello»* está por completo fuera de la verdad que estamos viviendo interiormente cuando hemos sido lastimados lo cual, lejos de ayudarnos a superar el problema, nos llevaría a reprimir y ocultar lo que aún ni siquiera hemos asumido. El perdón requiere tanto de nuestro razonamiento y de nuestros valores como de nuestra emotividad. Perdonar no es algo que ocurre en un instante, requiere de tiempo y conlleva, en una primera etapa, un proceso de desahogo psicoemocional.

Los mayores beneficios que se obtienen al perdonar son para nosotros mismos, ya que obtenemos libertad, paz y esperanza para renovar la vida. Este proceso nos da mayor fortaleza emocional, nos ayuda a tener mayor confianza y a ser, definitivamente, más optimistas.

Los cambios emocionales positivos que se han logrado observar tienen implicaciones para nuestra salud, por ejemplo: un nivel más alto de esperanza, ya que ayuda a las personas a tratar con éxito el dolor y algunos tipos de enfermedad. Los optimistas viven más años y tienen menos enfermedades, también tienen una perspectiva sana y espiritual del perdón y aprenden a manejar mucho mejor sus pérdidas y sus problemas de salud.

Recordemos que todos nuestros agravios suelen empezar cuando algo sucede en nuestra vida que nosotros no hubiéramos querido que ocurriera; desde ese momento desagradable comenzamos a tomar los actos de los demás a un nivel demasiado personal, culpamos al ofensor por cómo nos sentimos y empezamos a narrar una historia de resentimiento.

Si la narrativa de nuestra historia es de victimización significa que ya hemos tomado una ofensa de forma muy personal y estamos ya culpando a algún ofensor por nuestros sentimientos presentes. Por el contrario, cuando narramos una historia de cómo hemos logrado sobreponernos a una injusticia, perdonándola, dejándola atrás, es obvio que retomamos el control de nuestra vida. Siempre recuerda que cada uno de nosotros es responsable de nuestra propia experiencia emocional; nuestro pasado nunca es responsable por cómo nos sentimos en el presente.

Cuando comprendemos el perdón como un medio para librarnos de la amargura y de la rabia de una manera segura y realista, entonces vemos con claridad que este proceso es la mejor opción que tenemos para sanar y recobrar el equilibrio psicoemocional. Lo crucial es asegurarnos de que la otra persona también la tenga para que comprenda que el perdón no necesariamente significa reconciliación; podemos llegar a perdonar inclusive a una persona que abusó de nosotros, pero eso no quiere decir que debemos regresar a una situación que continúa siendo insegura.

No perdonar a las personas que nos han lastimado, vivas o muertas, se convierten en fantasmas que vivirán con nosotros a lo largo de nuestra vida, lo que también sucede cuando desconocemos por completo a quien nos perjudicó, como puede ocurrir en un accidente de tránsito donde el responsable huyó sin dejar rastro. De igual forma, esto ocurre cuando nuestro rencor es en contra de una organización que sentimos que ha abusado de nosotros. En todos estos casos, sólo el perdón podrá hacer desaparecer estas sombras.

Perdonar a quienes nos hicieron daño en el pasado nos exige aceptar la situación tal y como fue, y no seguir esperando lo imposible, que el pasado cambie. Por lo tanto, reconocer nuestro dolor y nuestra rabia es importante para transitar por el proceso del perdón y por ello nos iniciamos por la parte psicoemocional, ya que se trata más de sentir que de pensar.

La investigación psicológica y los modelos de estudio generalmente han dividido el proceso del perdón en las siguientes etapas:

- Reconocer el daño que se nos ha infringido.
- Reconocer los sentimientos que se han generado en nosotros.
- Desarrollar actividades afectivas y cognitivas para procurar el cambio.

Habrá momentos en que pensar en perdonar de inmediato, después de una herida significativa, puede no ser la mejor respuesta para sanar. Debemos tener claro qué fue lo que sucedió, cómo nos sentimos y cómo lo hemos relatado.

Este proceso puede llevar tiempo y será importante que no trates de ignorar tus sentimientos de dolor, enojo o tristeza, ya que nos proveen de información muy importante y valiosa que nos muestra qué es lo que valoramos y a qué debemos poner atención.

Sin embargo, sintonizar nuestros sentimientos de dolor nunca nos debe llevar a dejar de reconocer los sentimientos de gratitud y buena voluntad, lo que nos llevará a recordar que pueden existir otras maneras de ver los hechos y que una perspectiva diferente siempre será posible.

Perdonar a quien nos ha lastimado y perjudicado no significa, de nuestra parte, un gesto de debilidad, resignación o avenencia, sino una manifestación de nuestra fortaleza y de nuestra libertad para elegir lo que sentimos, quitando a la otra persona el poder que sus actitudes pueden ejercer sobre nuestros propios sentimientos.

Decidir perdonar puede hacernos sentir que reabrimos una vieja herida y en ocasiones esto parece incrementar nuestra ira, tristeza o ansiedad con tan sólo pensarlo, sobre todo cuando creemos que algunas personas no merecen en lo absoluto ser perdonadas.

Pensar que el perdón es un beneficio para el otro es un error de apreciación de nuestra parte. En realidad, la palabra griega para referirse al perdón es *afiemi* que literalmente significa «soltarse». Por supuesto que lo ideal sería que la persona que nos ha causado daño se arrepintiera y estuviera dispuesta a compensar, de alguna manera, el daño que sufrimos. Pero la verdad es que muchos de nuestros ofensores no lo harán y vivirán sus vidas alegremente como si nosotros ni siquiera existiéramos. La parte más dura de esa situación es que tanto si se arrepienten como si no, quien paga el precio por no perdonar somos nosotros y no ellos. Mucho nos ayudará recordar que el perdón y la confianza son virtudes diferentes y que también lo son de la reconciliación, que nunca será necesaria para que nosotros perdonemos.

No hay duda de que perdonar no es fácil cuando se trata de personas a quienes hemos amado y en quienes hemos confiado alguna vez. Perdonar a un cónyuge puede ser poco fácil, ya que el dolor, la desilusión o la sensación de haber sido traicionado y herido puede ser muy profundo. Tal vez algunos hemos atravesado por la experiencia de haber sido abandonados, objetos de fraude o de abuso por parte de personas en quienes confiábamos: maestros, religiosos, médicos, gobernantes, proveedores de servicios, nuestros propios padres, inclusive líderes políticos que han sido responsables, en ocasiones, de horribles atrocidades contra la humanidad. Pero la realidad es que cuando nos aferramos a nuestra rabia para castigar a otros, somos nosotros quienes quedamos atrapados.

El perdón es una decisión que, como ya hemos mencionado, requiere de un cambio de nuestra percepción que nos lleva a tener que aprender a considerar los eventos y las personas desde otra perspectiva; para lograrlo primero debemos ser conscientes de nuestros sentimientos.

El rencor y la rabia son emociones tan fuertes que nos hacen perder conciencia de nuestros sentimientos reales; por ello, para realizar un proceso psicoemocional sano, es importante darnos cuenta de lo que auténticamente sentimos. Cuando nos sintamos lastimados procuremos comprender ¿por qué?, para que podamos llegar a resolver los sentimientos más profundos y, por lo tanto, el verdadero problema.

Lo que puede estar oculto detrás de la rabia

Detrás de nuestra rabia se pueden ocultar sentimientos que necesitan ser resueltos:

- **El miedo y la inseguridad.** Cuando alguien nos lastima el miedo y la inseguridad que podamos sentir nos generan una sensación de extrema vulnerabilidad, la rabia aparece dándonos la sensación de fuerza como mecanismo de protección. De igual forma, debemos procurar ser conscientes de que las personas que nos lastiman con agresividad, generalmente son temerosas e inseguras, ya que con frecuencia esos son los sentimientos que se esconden detrás de la rabia.
- **Tristeza.** Cuando se nos ofende, abusa o traiciona puede surgir en nosotros una profunda tristeza, sin embargo, inconscientemente, no deseamos que nuestro ofensor se dé cuenta de esa fragilidad y, por lo tanto, la rabia se convierte en una tapadera que nos da la sensación de fuerza para defendernos.
- **Impotencia.** Pocos hechos nos generan tanta frustración como sentirnos impotentes cuando somos sujetos de una injusticia. Sin darnos cuenta el sentimiento «arrinconado» que sentimos lo encubrimos con la rabia que nos da la sensación de poder hacer algo para corregir esa circunstancia.
- **Desilusión.** La pérdida de nuestras ilusiones cuando alguien cercano y querido nos lastima, y sentimos que todas nuestras expectativas de felicidad se derrumban, nos lleva a un sentimiento de fragilidad tan grande que nos parece que sólo la rabia pueda darnos la capacidad de defendernos y continuar.

También debemos considerar que así como hay sentimientos de fragilidad en nosotros al haber sido ofendidos, de igual forma detrás de nuestra rabia se pueden esconder consciente o inconscientemente ciertas necesidades y peticiones.

- **Amor.** Sentirnos amados y apreciados es una necesidad de todo ser humano. Muchas veces, al no saber pedir ese afecto y sentir que padecemos su carencia, la rabia se convierte en una especie de protección ante lo que sentimos como vacío.

- **Respeto y reconocimiento.** Un sentido sano de dignidad siempre reclamará respeto y muchos de nuestros esfuerzos realizados serán motivados por el reconocimiento que se nos brinda. Cuando el trato que se nos da no muestra respeto básico a nuestra persona, ni el mínimo reconocimiento a los esfuerzos cotidianos que realizamos, la rabia se convierte en una especie de reclamo que parece darnos fuerza para que nuestra voz se oiga.

- **Ser escuchado.** Todos necesitamos sentir que se nos escucha y toma en cuenta. En ocasiones, por nuestra propia timidez y sin expresarnos, esperamos que las personas que nos rodean «sepan» lo que sentimos y necesitamos. Cuando alguien ignora esas necesidades y sentimientos, la rabia se convierte en una manera, aunque distorsionada, de que se nos escuche. Debemos recordar que esto también puede sucederle a las personas que nos lastiman y que esconden detrás de su agresión un deseo de ser escuchadas en sus necesidades más profundas.

Por otra parte, hay que vigilar muy bien nuestra propia sensibilidad pues, en ocasiones, lo que consideramos como un desprecio no es más que nuestra inseguridad o falta de autoestima, así como nuestro esperar que otros «adivinen» lo que deseamos o requerimos. Debemos aprender a sacudirnos de esas apreciaciones subjetivas que tenemos y que no necesariamente implican que se tenga que transitar por un proceso de perdón, ya que lo que hemos sentido como ofensa es, en realidad, el resultado de nuestra distorsionada percepción.

Tomar conciencia de todo esto en nosotros mismos y en los demás nos ayudará en el proceso, ya que lo que creamos sobre la naturaleza humana determinará, en gran parte, nuestra disposición a perdonar. ¿Creemos que los seres humanos somos en esencia buenos? o ¿creemos que la gente es mala y siempre busca cómo perjudicar a los demás?

Pero más allá de la conciencia que tengamos de los sentimientos o necesidades y peticiones que puede haber detrás de nuestra rabia, cuando alguien nos ofende el enojo es una emoción justificada. Como todas las emociones la ira es un mecanismo de supervivencia a nuestro favor que debe dirigirse al servicio de nuestro futuro y a nuestro fortalecimiento y no a destruir a nuestro ofensor.

Cuando en nosotros aparece un profundo sentimiento de injusticia, la primera y más normal reacción es la del enojo, la cual trae consigo un impulso muy primario de vengarnos, aunque debemos recordar que procurar justicia nunca significa que la venganza sea una opción.

Los pasos del proceso psicoemocional

Los pasos que debemos dar dentro del proceso del desahogo emocional son los siguientes:

1. Aceptar la cólera y el deseo de venganza.
2. Reconocer la herida y nuestra debilidad.
3. Expresar nuestro dolor a alguien.
4. Perdonarnos a nosotros mismos.
5. Elegir nuestro foco de atención.

Aceptar la cólera y el deseo de venganza

Así como perdonar es esencial para sanar, también es necesario no reprimir ni negar los sentimientos que tenemos. Las personas que reprimen sus emociones se estancan y pierden su genuina fortaleza.

Reconocer nuestra cólera y anhelo de venganza es importante, ya que cuando convertimos al dolor en un evento que no tiene relevancia alguna diciendo que lo doloroso ha sido algo trivial o que la persona responsable no tenía idea de lo que nos hacía, puede minimizar el daño que realmente se cometió, y llevarnos con facilidad a la negación, lo cual nunca nos aliviará. El perdón se encuentra después de nuestra indignación y no al principio.

Generalmente, preferimos ocultar las emociones que consideramos negativas, pero si no las sanamos cobrarán su precio en nuestra salud, en nuestra capacidad para ser felices y en nuestras relaciones.

Sentir enojo es necesario y útil, ya que nos indica que un límite personal se quebrantó, que podemos estar en riesgo, que hemos sido maltratados y que debemos aclarar situaciones y poner límites para evitar que el maltrato continúe. Un ejemplo de ello es que enojarnos cuando alguien maltrata a un ser querido o a un niño puede ser la única alternativa de proteger su bienestar.

Si alguien abusa de nosotros es necesario dejarle saber que su comportamiento es inaceptable, pero siempre debemos estar alertas porque así como el enojo es necesario en el corto plazo, puede ser sumamente peligroso en el largo y no nos llevará a resolver ningún problema.

El enojo es, simplemente, una manera de recordarnos a nosotros mismos que existe un problema que requiere de atención pero, así como nos permite reconocer los conflictos y poner límites, los rencores y los resentimientos nos llevan a la frustración, a la desesperanza, a dañar nuestras relaciones con los demás e, inclusive, a padecer problemas de salud.

No reconocer los sentimientos de cólera y el deseo de venganza cuando alguien nos lastima y sentimos ser sujetos de una injusticia, es mentirnos a nosotros mismos y empezar a transformar el perdón en gesto social que, como ya hemos visto, nunca será un auténtico perdón.

Sin embargo, es preciso que distingamos la emoción pasajera de la cólera y el deseo de venganza de un sentimiento voluntario y cultivado de resentimiento y odio. Así como la cólera es una reacción normal ante lo injusto, el resentimiento, por el contrario, es un sentir que cultivamos y que se implanta en nuestro corazón como un cáncer camuflando una ira sorda y tenaz que sólo se aplacará cuando nuestro ofensor haya sido castigado o humillado.

Debemos considerar cuatro diferentes niveles que podemos experimentar con nuestra ira:

- **Estar enojados sin saberlo.** La ira no sólo se demuestra a través de la violencia o agresión, sino también por medio de una amargura que puede convertirse en nuestro mayor impedimento para ser felices.
- **Estar enojados y saberlo.** Hay ocasiones en que somos conscientes de nuestro enojo y reconocemos su impulso, pero lo sentimos como insuperable.
- **Estar enojados pero no preparados para hacer algo al respecto.** Esto sucede cuando nos negamos a cambiar nuestra perspectiva y preferimos permanecer en el resentimiento.
- **Estar enojados y preparados para hacer algo al respecto.** Llegamos a este punto cuando nos damos cuenta que no vale la pena seguir atrapados en las redes asfixiantes de nuestro propio rencor.

En tanto no queramos reconocer nuestra ira y sacar de ella el mayor aprendizaje posible, correremos el riesgo de que se nos «pudra» en el interior y se transforme en rencor, odio y amargura. Todos sabemos que la ira reprimida puede tener efectos devastadores en nuestro equilibrio mental y en nuestra salud física.

Por otra parte, toda ira que se reprime tarde o temprano se manifestará y nos estaremos arriesgando a que surja de manera desviada, haciendo así pagar a justos por pecadores. También debemos recordar que las emociones reprimidas tienden a convertirse en sentimientos rebuscados que se caracterizan por ser inextinguibles y repetitivos. En contraste, las emociones auténticas empiezan poco a poco a extinguirse en cuanto comenzamos a expresarlas.

La ira siempre está relacionada a nuestra percepción de la injusticia, es la respuesta que damos a lo que nos parece injusto, pero quedarnos en el papel de víctimas nos impedirá ser capaces de tomar decisiones y salir de la situación en que nos encontramos.

De acuerdo a diversos autores, la ira puede tener muchas máscaras en relación a como nos sentimos: sentir que nada podrá ser diferente; no sentirnos capaces de ser genuinamente emotivos; ir por la vida tomándonos todo lo que sucede a nivel personal y, por lo tanto, con una rabia constante que nos llevará a sentir que tenemos que estar en contra de alguien; la incapacidad de relacionarnos con intimidad y asumir compromisos por el temor de volver a ser vulnerables y asumir actitudes inflexibles e intolerantes como:

- **Hipersensibilidad.** Nos tomamos todo a nivel personal, somos hipercríticos y pensamos que siempre hay motivos ocultos en el comportamiento de los demás.

- **Rigidez.** Adoptamos un comportamiento tiránico insistiendo en tener siempre la razón, un comportamiento que no cesa hasta que no sintamos que nuestro oponente está acabado.
- **Miedo al conflicto.** Evadimos cualquier situación que pueda ser conflictiva, haciendo hasta lo imposible por evitar cualquier tipo de diferencia con otras personas. Si llega a ser necesario, minimizamos nuestros deseos y necesidades, y nos despedimos de nuestra autoestima.
- **Afán de sobresalir siempre.** Parece que nunca nada es suficiente. Tener éxito se convierte en una eterna competencia para estarnos probando o para probarle algo a alguien que tal vez no se sintió satisfecho con nuestros logros o que minimizó nuestras capacidades. Este sentimiento puede darse aunque esa persona ya ni siquiera esté viva.
- **Necesidad de controlar.** Esta actitud nos hace sentir una compulsiva necesidad de «tener la sartén por el mango», lo que nos hace incapaces de relajarnos, de fluir o de «colgar los guantes y salirnos del cuadrilátero».

Para desmantelar nuestra ira tenemos que reconocerla, admitirla y canalizarla, lo cual nos exige buscar formas constructivas y asertivas de expresarla.

Si no cubrimos esta primera etapa del desahogo psicoemocional estaremos engendrando rencor en nuestro interior, que siempre es el resultado de nuestra ira no resuelta ante lo que nos ha parecido injusto, es por ello que no debemos confundir la ira con el odio. Enojarme cuando alguien me hace daño es un signo natural de supervivencia que a la vez demuestra que lo que ha sucedido me importa. Es una emoción que me mueve a actuar e inclusive a procurar buscar una solución. El enojo nos ayuda a promover cambios y nos puede proporcionar energía para mejorar.

El odio, por otra parte, va aniquilando la alegría de vivir y genera movimiento, no para realizar cambios, sino para buscar venganza, lo cual siempre va a empeorar las situaciones. Cuando el odio se instala en nuestro corazón corremos el terrible riesgo de destruir nuestra capacidad de amar.

Debemos expresar nuestro enojo y canalizarlo para que nos permita un diálogo asertivo que nos ayude a resolver conflictos o poner límites, y llegar al perdón o a la reconciliación si la deseamos o estimamos conveniente. El odio es un sentimiento que generalmente reprimimos y que nos aleja cada vez más de la posibilidad de perdonar. Aún más, como afirmaba Lewis Smedes, teólogo evangelista: «*Nuestro odio ni siquiera tiene la decencia de morir cuando mueren aquellos en los que se inspira, pues es un parásito que chupa nuestra sangre y no la de ellos*».

La ira y la tristeza son sentimientos propios del proceso del perdón. La expresión de estas emociones se contempla desde la investigación y la terapia, como emociones biológicamente adaptativas.

Las personas que perdonan con éxito siempre muestran, al inicio, expresiones intensas de rabia en contra de su ofensor. Adicionalmente, por el daño que se ha podido causar a una relación significativa, muchas personas se mueven de esa expresión intensa de rabia a una intensa de tristeza, temor o vulnerabilidad que, por lo común, incluyen dolor por la pérdida o ruptura severa de la relación.

Creo que todos podemos comprender cuán común es sentir ira y experimentar rabia cuando nos sentimos lastimados u ofendidos; por ello no sabemos por qué la ira no ha recibido la atención que merece en términos de lo que el perdón significa y cómo el proceso de perdonar funciona. En realidad, es la represión de la rabia a largo plazo y no la experiencia reactiva inmediata la que puede influir sobre la salud más dramáticamente. Desde esta perspectiva, enojarnos como respuesta natural es un problema diferente y mucho menor que la ira mantenida a largo plazo. No tengas miedo de reconocer y sentir tu enojo justificado, si los hechos te duelen, sentirte molesto es una defensa natural.

Basándonos en investigaciones recientes sobre lo que implica la ira, podemos llegar a describir dos aspectos fundamentales de su expresión: la forma constructiva y la forma destructiva. La primera involucra pensamientos y acciones que nos llevan a rectificar una situación, realizando una reestructuración cognitiva (de nuestra forma de pensar) y una decisión de resolver un problema interpersonal. La segunda involucra violencia, deseo de hacer daño, anhelo de venganza y pensamientos hostiles continuos. También nos hace sumergirnos en imágenes mentales que una y otra vez se repiten y nos hacen permanecer en más de lo mismo.

Muchas personas tienden a negar que sienten ira porque tienen miedo que una emoción tan fuerte pueda emerger y sean incapaces de controlarla. En contraste, hay otras que sienten que todo depende de la expresión rabiosa del enojo para poder manejar su emoción y, por lo tanto, pueden llegar a padecer numerosas consecuencias negativas al hacerlo.

Enojarse tiene aspectos positivos: nos ayuda a descubrir o reafirmar los valores que son importantes para nosotros; a definir qué es lo que queremos y qué es lo que no queremos; nos advierte del peligro que corremos ante el abuso; nos hace responder ante la injusticia y tener la energía moral para defender también a otros. Debemos aprender a utilizar la energía de nuestra ira para ser creativos y encontrar nuevas soluciones a los problemas.

Nunca debemos creer que reprimir nuestros sentimientos significa perdonar a quien nos ha lastimado. Así como los volcanes, a pesar de «estar dormidos», permanecen siempre activos, acallar las emociones no significa que ellas o el resentimiento se hayan extinguido.

Reconocer la herida y nuestra debilidad

Si después de haber sufrido una ofensa no reconocemos nuestro dolor, nos exponemos a no llegar jamás a un auténtico perdón, ya que no lograremos perdonar si negamos que hemos sido lastimados y que ha quedado al descubierto nuestra vulnerabilidad.

A muchos de nosotros, por diferentes razones, nos resulta muy poco fácil reconocernos como seres frágiles y quebradizos, sin embargo nuestra psique es tan fuerte que tiene la capacidad de defenderse de un gran dolor generando, casi de inmediato, mecanismos de defensa.

Los mecanismos de defensa que pueden aparecer asociados con nuestro rechazo a aceptar el dolor y nuestra debilidad son:

- **La negación.** Consiste en negar la ofensa o en intentar minimizar su impacto. Esto nos lleva a rechazar la realidad por considerarla desagradable.
- **Identificación con el agresor.** Este es un mecanismo que lleva a la persona a introyectar (meter dentro de sí) a un ofensor que siente que es peligroso; con ello se identifica con su agresor, creando la sensación de no seguirle temiendo. Con este tipo de defensa también corremos el riesgo de convertirnos en agresores de los demás.
- **Racionalización.** A través de este mecanismo nos defende-

mos contra la ansiedad procurando dar explicaciones o excusas racionales para llegar, inclusive, a justificar a nuestro
ofensor.

- **Desplazamiento.** Cambiamos la dirección de nuestra ira,
descargando nuestra rabia en personas que nada tienen que
ver con lo acontecido, evitando así mostrarle a nuestro ofensor el dolor de nuestra herida.

Este tipo de defensas nos puede llevar a hacer el esfuerzo por
inventar toda clase de falsas justificaciones con el fin de descargar de
responsabilidad a nuestro ofensor.

Al reconocer y expresar nuestra herida y debilidad podemos llegar a expresar nuestras necesidades y sentimientos, lo que será indispensable para nuestro desahogo y para llegar a una reconciliación, si eso es lo que deseamos.

La realidad es que todos somos quebradizos y que pretender esconder nuestro dolor nos impide llevar a cabo el auténtico proceso
del perdón. Las defensas que llegamos a utilizar para esconder nuestra vulnerabilidad, lejos de ayudarnos, nos evitan sanar las heridas
de manera auténtica y permanente.

Expresar nuestro dolor a alguien

Desde el momento en que enfrentamos una ofensa habrá en nosotros una reacción pero, desafortunadamente, algunas de nuestras
formas de reaccionar no serán constructivas ni favorecerán el proceso del perdón.

- **De manera defensiva.** Cuando reaccionamos de esta manera
nos llegamos a convertir en personas que perennemente se

sienten atacadas y que, por lo tanto, reaccionan siempre de manera defensiva en sus relaciones lo cual, en algún momento, nos genera una enorme cantidad de problemas y el alejamiento de los demás.

- **Aislándonos.** Hay ocasiones en que, como el perro que se lame la herida, nos aislamos, inclusive de aquellas personas que nos apoyan y nos podrían ayudar. El aislamiento siempre favorecerá nuestras narrativas de dolor.
- **Como víctimas.** Esto nos lleva a eternizar nuestro «martirio», a no asumir responsabilidad por superar la situación y salir adelante y a no llegar a resolver el problema.

Como se ha podido observar en la terapéutica del perdón la forma más sana de reaccionar es compartiendo nuestro dolor con alguien que nos sepa escuchar sin juzgarnos, sin pretender darnos todo tipo de consejos y, sobre todo, permitiéndonos expresar la intensidad de nuestras emociones.

La vergüenza es lo que muchas veces nos impide el sincero y sano desahogo, pareciera que nos dejamos de querer a nosotros mismos por sentirnos tan negativos y nos avergonzamos de que alguien nos haya herido.

El éxito de esta fase de desahogo emocional dependerá, en gran medida, de nuestra apertura sincera con quien nos escucha. La mejor forma de tratar nuestras heridas no es coleccionándolas y la forma de no hacerlo es hablando de ellas lo más pronto posible una vez que han surgido.

Si expresamos nuestros sentimientos y no sentimos ningún alivio, entonces es probable que pueda estar ocurriendo una de las siguientes situaciones:

- Los sentimientos que expresamos son sustitutos de los reales, como es el caso de expresar ira cuando en realidad se siente tristeza o viceversa. Necesitamos reconocer los sentimientos verdaderos que tenemos antes de poder desahogarlos.
- Pretender utilizar nuestros sentimientos como una manera de obligar el cambio en otras personas, lo que nos recuerda el concepto de ganancias secundarias que ya hemos expuesto en el capítulo 3.

Si por otra parte estamos enojados con Dios, pero nunca lo hemos dicho, lo mejor es hacerlo. Reprimir los sentimientos es lo que nos mantiene estancados, expresarlos puede resultar extremadamente reparador. Dios es lo bastante grande como para asumir nuestro enojo y seguirnos amando hasta que descubramos su verdadero Ser que no es el de un castigador o generador de tragedias, sino el que, respetando nuestra libertad, nos acoge siempre con misericordia y nos sostiene en todas nuestras tribulaciones.

La ciencia y la investigación clínica, respecto al perdón, han encontrado que las personas que sienten no tener con quien desahogarse, ya sea un amigo, una persona cercana o alguien de su confianza, luchan mucho más y se dificultan a sí mismas el camino para poder procesar las experiencias de la vida. También se ha podido observar que existe una relación entre esa incapacidad de poder expresarse y relatar su experiencia con una muerte más temprana.*

Las personas que más se benefician de poder expresarse y que son más abiertas para buscar el apoyo que les da confianza, generalmente

---

* Luskin, Fred, *Forgive for Good,* Edit. Harper, San Francisco, New York, 2002.

requieren de periodos más cortos para el proceso del perdón y las que expresan lo que les ha sucedido y escuchan la opinión de otros deseando poder manejar mejor lo que les ha sucedido, generalmente son las que desean que sus amigos y familia sean de verdad honestos en su apreciación, tratando de utilizar su apoyo para hacer los cambios necesarios en su vida y no quedarse atascados en su historia.

Expresar nuestro dolor a alguien nos lleva a utilizar el apoyo para ayudarnos a nosotros mismos a través de periodos críticos, obteniendo resultados positivos y beneficios para nuestros estados de ánimo y nuestra propia salud.

Al tener que expresar lo que sentimos nos podemos llegar a visualizar como quienes confrontan un reto y desean darle una respuesta. Puede ser que, en algún momento de nuestras vidas, hayamos creado una narrativa de resentimiento, pero en vez de quedarnos en ella deberíamos utilizar el apoyo de quienes nos escuchan para transitar por las crisis y empezar a relatarnos a nosotros mismos una historia positiva de cómo llegar a superar el problema.

Lo más importante de poder expresar nuestro dolor a alguien es que hacerlo nos ayuda a formarnos un juicio valorativo más objetivo de lo que nos ha sucedido, con la perspectiva de la distancia que se nos exige para poder explicarle a alguien cómo nos sentimos.

Todos hemos tenido la experiencia de sentir que es más fácil ayudar a otros que a nosotros mismos. Cuando hablamos con sinceridad, quien nos escucha nos sirve de espejo para poder vernos en perspectiva y poder encontrar mejores soluciones.

Perdonarnos a nosotros mismos

Cuando nos sentimos decepcionados por algo que otra persona nos ha hecho, en ocasiones tenemos la tendencia a culparnos a nosotros mismos por haber permitido que los acontecimientos sucedieran como sucedieron. Pareciera que la ofensa que hemos sufrido hace evidente nuestros límites y debilidades, y nuestro mismo enojo y tristeza parece que nos recriminan por habernos expuesto a la situación o por haber permitido que nos ocurriera.

Un error no es irreparable y no estamos condenados a revivirlo una y otra vez o a seguir sufriendo siempre sus consecuencias. Debemos perdonarnos a nosotros mismos por haber permitido... por no haber puesto límites...

Para ayudarnos a nosotros mismos y aprender del dolor que hemos padecido debemos reconocer algunas de nuestras tendencias que nos exponen a riesgos innecesarios: la confianza ciega, pretender ignorar la situación, idealizar a las personas que están a nuestro alrededor, excesiva tolerancia al comportamiento abusivo y nuestra tendencia de «hacer las paces» a cualquier costo.

Cuando un hecho malo nos sucede debemos descubrir qué se puede aprender de la experiencia y qué actitudes debemos reconsiderar. Por tanto, en lugar de atormentarnos ante un fracaso, debemos intentar descubrir la lección que se puede sacar de él. Muchos fracasos han sido la causa de nuevas expectativas, de nuevos comienzos y de caminos de éxito en la vida.

Todos los esfuerzos que hagamos para perdonar al otro se verán neutralizados si permanecemos recriminándonos a nosotros mismos habernos encontrado en esa situación, ya que el malestar prolongado sólo servirá para reencender una y otra vez nuestros anhelos de venganza o bien para quedarnos instalados en la autorrecriminación y la vergüenza.

Elegir nuestro foco de atención

Con honestidad debemos reconocer cómo, en muchas ocasiones, nosotros mismos creamos y favorecemos el rencor ya que, independientemente de que se haya cometido una injusticia, de que alguien haya actuado con muy poca sensibilidad hacia nosotros, hay tres condiciones que incrementan nuestra respuesta y que van generando el resentimiento que puede dejarnos estancados.

- La primera es que podemos estar tomando los hechos a un nivel excesivamente personal; pudiera ser que quien nos ha lastimado no haya tenido, en ningún momento, la intención de hacerlo y que ni siquiera haya pensado que lo que hacía pudiera afectarnos tanto.
- La segunda es que continuamos culpando a la persona que nos lastimó por lo mal que nos sentimos en el presente y que en gran parte es ya nuestra responsabilidad y depende de nuestra actitud.
- La tercera es que hemos creado una historia de queja y resentimiento; hemos ido elaborando en nuestra propia cabeza una narrativa que convierte a esa persona en alguien cada vez peor y que profundiza cada vez más una herida que tal vez al inicio no fue tan grande.

Muchas personas le ponen atención a sus quejas cada minuto de cada hora de cada día por muchos años, y es por eso que se sienten intensa y constantemente lastimados. Algunas crean su propio «museo del resentimiento», una construcción negativa de su pasado que no sólo alimenta la ira, los pensamientos amargos, los impulsos reprimidos y las hostilidades encendidas, sino que vuelve a la mente en contra de sí misma, de manera destructiva, fragilizando nuestra humanidad y retorciendo los lazos existentes en todas nuestras relaciones.

Afortunadamente, no tenemos que saber con precisión cómo es que llegaremos a perdonar, ni siquiera qué es el perdón para poder dar un primer paso en esa dirección y ese paso consiste en crear una imagen mental, una visión y un diálogo interno que nos lleve a emprender la ruta acertada. Para lograrlo debemos ser más conscientes de nuestras estrategias cognitivas que nos pueden prevenir sobre ciertas maneras de pensar.

- **Pensamientos radicales.** Esto significa pensar que si algo estuvo mal, todo está mal; pareciera que no podemos recordar o valorar positivamente los actos que sí fueron o han sido buenos; todo lo que recordamos es que el otro no estuvo a la altura de nuestra expectativa.

- **Aislamiento.** Permitir que nuestro pensamiento desesperanzado nos suma en un estado de indiferencia hacia lo que nos rodea.

- **Apego excesivo.** Pareciera que no podemos estar tranquilos y pensamos que cada acto que la persona emprende o hace no tiene ninguna otra razón más que la de lastimarnos.

- **Repulsión.** El simple hecho de que la persona siga viva nos molesta, quisiéramos que desapareciera de la faz de la tierra.

- **Resistencia a nuestra responsabilidad.** Cuando la relación con quien nos ofendió sigue estando presente parece que no somos capaces de responder a las necesidades de esa persona sin enojarnos y sin criticarla.

- **Pensamiento envidioso.** Pareciera que nos tomamos a mal cualquier hecho bueno que le pueda ocurrir a la otra persona.

- **Indefensión.** Sentirnos mal y pensar que nada que nosotros hagamos podrá ayudarnos.
- **Autocompasión.** No somos capaces de ver más allá de nuestro dolor para comprender que la otra persona también puede estar padeciendo.

Es verdaderamente absurdo que por seguir atrapados en una herida que puede haber ocurrido hace años, continuemos en el dolor. Hay personas que aún sangran por algo que les sucedió hace 20 o 30 años, pero sentirse lastimadas ya no se debe a la herida misma, sino a la atención que se ha puesto sobre ella.

Cuando nos quedamos atrapados en viejas heridas, sin darnos cuenta, estaremos repitiendo el mismo patrón, como sucede con aquellas personas que al no perdonar y dejar atrás el maltrato que sufrieron de parte de sus padres en la infancia, tienden ahora a maltratar a sus propios hijos.

Para salir de esa situación tendremos que dirigir nuestra atención con igual intensidad en otra dirección y eso sólo lo lograremos cuando cambiemos nuestras palabras e imágenes. El proceso del perdón empieza en nuestra propia cabeza y nuestras emociones responden a nuestros pensamientos, que siempre están conformados por palabras e imágenes.

Debemos procurar reenfocar nuestra atención hacia los sentimientos positivos, trayendo a nuestra mente imágenes de momentos agradables que procuren sensaciones positivas para nosotros. Un ejemplo sería que en vez de proyectar en nuestra mente una y otra vez la película de lo desagradable y doloroso, traigamos la imagen de alguien con quien compartimos afecto o bien una escena de gran belleza en la naturaleza que nos llenó de asombro y admiración en cierto momento.

Polarizar nuestros pensamientos (cambiar la película que proyectamos en nuestras mentes) nos llevará a generar un sentimiento completamente diferente al que se engendra cuando sólo recordamos el dolor o la injusticia que padecimos, lo que nos ayudará a reenfocar nuestra atención y nos facilitará el camino del perdón.

Al practicar nuevas maneras de pensar estaremos rompiendo el círculo vicioso del recuerdo doloroso y dando un paso seguro y valiente en el proceso del perdón.

Recordemos que la mayor parte de nuestros agravios surgen cuando algo sucede en nuestra vida que nosotros no hubiéramos querido experimentar, desde ese momento desagradable empezamos a tomar los hechos a un nivel personal excesivo, a culpar al ofensor por cómo nos sentimos y a narrar una historia de resentimiento.

Cuando nos encontramos narrando una historia de victimización, significa que ya hemos tomado el asunto a nivel personal y que estamos definitivamente culpando a nuestro ofensor por todos nuestros sentimientos presentes.

Si, por el contrario, recontáramos una historia de cómo hemos logrado sobreponernos a una injusticia, culparemos menos y dejaremos de tomar los hechos a un nivel tan personal. Siempre recuerda que cada uno de nosotros es responsable de su experiencia emocional y de que nuestro pasado nunca es responsable de cómo nos sentimos en el presente.

Nos llegamos a convertir en personas indefensas cuando le damos a nuestro ofensor un poder excesivo sobre nuestros propios sentimientos. Esos sentimientos de dolor sólo disminuirán cuando recobremos el poder, haciéndonos responsables de lo que sentimos, lo cual únicamente se podrá lograr cuando determinemos cambiar nuestro foco de atención. Mantener nuestro enfoque en el dolor y en los resentimientos nos lastima mucho más de lo que lo haya hecho el ofensor.

Desafortunadamente, muchas personas que se sienten desilusionadas y ofendidas van creando el pésimo hábito de enfocarse más en las heridas que han sufrido que en lo bueno que aún existe y puede llegar a existir en sus vidas.

En vez de fijar tu atención en el dolor y seguirle dando poder a la persona que te lastimó, aprende a buscar y encontrar el amor, la belleza y la amabilidad que existen a tu alrededor.

Debemos construir esquemas de pensamiento a partir de lo que nos decimos interiormente a nosotros mismos y de las películas que repasamos una y otra vez en nuestra mente.

Podemos admitir que la vida no es justa, reconocer que hemos sido engañados o que se ha abusado de nosotros, pero lo más importante es que debemos siempre recordar que la elección de cómo pienso y siento en el presente es nuestra. Aprender a controlar la manera en que nos sentimos en el día a día es mucho más importante que estar reafirmando una y otra vez lo que nos sucedió en el pasado.

Uno de los grandes obstáculos que debemos superar para poder reenfocar nuestra atención es la falta de disposición que a veces tenemos para modificar nuestro sistema de creencias. Para vencerlo debemos dejar de interpretar el comportamiento de los demás y no asumir el papel de jueces para dictaminar sentencias.

Nuestra mente es como una esponja de todas las palabras que decimos en nuestro diálogo interno y es también como una pantalla en la que se proyectan todas las imágenes que creamos en relación a nuestras experiencias. Nuestros recuerdos se transforman en esas imágenes y guiones que, con frecuencia, lanzamos a cualquier nueva persona que está en nuestro presente.

Si la película que corremos en nuestra mente está llena de ira y resentimiento, estaremos proyectando esos sentimientos a cualquier situación de nuestro presente, con lo cual nos convenceremos de que todos nuestros pensamientos y resentimientos desagradables son causados por personas o situaciones desde el exterior.

Por otra parte, sin darnos cuenta, muchas veces nosotros somos los únicos que le damos significado a los conflictos de nuestra vida y, desafortunadamente, no siempre distinguimos nuestra versión de la verdad de lo que en realidad sucedió. Aprender a identificar las distorsiones de nuestro pensamiento es un paso de suma importancia para llegar al proceso del perdón. Tenemos que aprender a retar las suposiciones y pensamientos que se han convertido en irracionales, a los cuales les hemos permitido anidar en nuestra mente.

En nuestro camino del perdón es indispensable reenfocar nuestra atención, polarizando nuestros pensamientos y dando cabida en nuestro diálogo interno y en nuestras imágenes a la posibilidad de apreciar todo lo bueno, visualizando la meta de perdonar que nos queremos proponer.

El proceso del perdón empieza cuando, de manera interna a nivel cognitivo y en el diálogo interior, empezamos a decirnos a nosotros mismos que deseamos perdonar y que vamos a perdonar.

Sintonizarnos en la frecuencia del perdón nos permite apreciar el amor, la belleza y lo bueno, recordándonos que en cada momento tenemos la posibilidad de escoger y determinar qué es lo que en nuestro interior escuchamos, vemos y experimentamos. Algo que nadie puede quitarnos jamás es la libertad de elegir dónde ubicaremos nuestra atención. Sólo nosotros podemos controlar la sintonía de nuestros pensamientos y de nuestro sentir; si hemos tenido como costumbre sintonizarnos con la frecuencia del resentimiento, éste es el momento para cambiar.

Cada vez que nos concentremos en el proceso del perdón para sanar una herida o una desilusión, iremos eliminando ciertos niveles de nuestro enojo que, conforme se va resolviendo, nos podrá llevar a experimentar una gran liberación. Por eso es importante recordar que el perdón es un proceso, y que su duración dependerá del grado de dolor y de rabia que podamos tener.

Perdonar se refiere mucho más a nuestro presente que a nuestro pasado. El propósito o la meta de hacerlo es reducir nuestro dolor y no caer en el sufrimiento, para podernos mover, continuar y mejorar nuestra vida.

Debemos comprender que únicamente en el presente podemos sentirnos bien o mal, porque el pasado ya pasó y sólo tenemos el hoy con el cual trabajar y nuestra meta de felicidad es ahora. Recordemos que aprender a perdonar nos trae como beneficio adicional una mayor fortaleza emocional, nos ayuda a tener mayor confianza y a ser inteligentemente más optimistas.

Los cambios emocionales positivos que se han logrado observar a través del proceso tienen también implicaciones para nuestra salud, dándonos, a la vez un nivel más alto de esperanza que nos ayuda a manejar con éxito cualquier adversidad que enfrentemos.

Las personas que tienen una perspectiva positiva aprenden a tratar mucho mejor sus pérdidas, ya que evitan caer en estados depresivos que hoy sabemos constituyen un factor de riesgo para nuestra propia salud física.

Si realizamos un buen desahogo emocional preparamos nuestro corazón y nuestra mente para el proceso espiritual del perdón, ya que debemos superar el gran obstáculo que constituye creer que el pasado se repetirá inevitablemente en el futuro. Esta idea se alimenta a través de nuestros pensamientos rencorosos, nuestros miedos, nuestras críticas y nuestra vergüenza, manteniéndonos separados de los demás, de lo que en verdad somos, de la experiencia del amor y de la capacidad de experimentar lo trascendente. Siempre recuerda que tus pensamientos e ideas determinan lo que experimentas en la vida.

El desahogo psicoemocional es indispensable para evitar los falsos perdones detrás de los cuales fluye una corriente constante de frustración y resentimiento. La verdad es que no podemos perdonar con autenticidad si pretendemos negar o ignorar lo que sentimos, ya que ello nos llevará a mantener un rencor soterrado que será como el veneno que nos tomamos esperando que el otro se muera.

EJERCICIO DE REFLEXIÓN

Hagamos un alto para reflexionar sobre lo que el perdón puede significar para nosotros y la necesidad de reconocer nuestros sentimientos. Te recomiendo que te relajes y, con la mayor honestidad posible, des respuesta a las siguientes preguntas. Contestarlas te ayudará a tomar perspectiva y realizar un mejor desahogo emocional que te puede facilitar la superación del dolor del pasado.

¿Cuánto miedo pueden haber tenido quienes me ofendieron, ocultándolo detrás de su rabia?

_____

_____

_____

¿Qué estoy pidiendo detrás de mi rabia: amor, respeto, reconocimiento, ser escuchado, etc.?

_____

_____

_____

¿He perdido de vista todo lo bueno que sí hay en mi vida?

_____

_____

_____

Los hechos desagradables que me han sucedido ¿son mucho más importantes que todo lo demás en mi vida?

_____

_____

_____

¿Dedico demasiado tiempo a pensar y repensar lo que me ha lastimado?

_____

_____

_____

¿Voy por la vida a la defensiva?

_____

_____

_____

¿He perdido la capacidad de divertirme y disfrutar porque no puedo dejar ir mi rabia?

_____

_____

_____

¿Procuro ver lo positivo y bueno aun en medio de lo desagradable?

_____

_____

_____

¿Lo que pienso respecto a las otras personas es absolutamente verdad?

_____

_____

_____

¿Qué error cognitivo/irracional puede haber en mi pensamiento?

_____

_____

_____

¿Lo que pienso puede serme útil? ¿Qué sentimientos y comportamiento me genera?

_____

_____

_____

¿Esta idea que tengo es típica de mi forma de pensar?

_____

_____

_____

¿Por qué doy tanto espacio en mi mente a alguien para quien tal vez no fui tan importante? ¿De qué manera me ayuda hacerlo?

_____

_____

_____

¿Acaso no es dejar atrás ese sentimiento de abandono y desilusión lo que deseo en vez de quedarme atrapado en él?

_____

_____

_____

¿La historia que has venido contando ante ti mismo y ante otros es una narrativa de resentimiento? Responde las siguientes preguntas:

¿Le he contado esa historia más de dos veces a la misma persona?

_____

_____

_____

¿Revivo los eventos que sucedieron más de dos veces en el mismo día en mi propia mente?

_____

_____

_____

¿Me encuentro a mí mismo hablándole a la persona que me lastimó a pesar de que no está conmigo?

_____

_____

_____

¿Me he comprometido ante mí mismo para decir esa historia sin molestarme y encontrarme de repente e inesperadamente agitado al contarla?

_____

_____

_____

¿Es la persona que me lastimó el personaje central de mi historia?

_____

_____

_____

¿Cuando cuento esa historia recuerdo otros hechos dolorosos que me han sucedido?

_____

_____

_____

¿Se enfoca mi historia primordialmente en mi dolor y en lo que he perdido?

_____

_____

_____

¿Me he comprometido conmigo mismo para no repetir esa historia y una y otra vez rompo ese compromiso?

_____

_____

_____

¿Busco a otras personas con problemas similares para contarles mi historia?

_____

_____

_____

¿Mi forma de relatar la historia ha permanecido igual a lo largo del tiempo?

_____

_____

_____

¿Me he detenido a revisar los detalles de mi historia para ver si son correctos?

_____

_____

_____

Si contestas con un SÍ a cinco o más de estas preguntas y con un NO a la última pregunta, existe una buena posibilidad de que estás recontando una historia de resentimiento y dolor. Si así es no pierdas la esperanza, muy fácilmente puedes cambiar una historia de resentimiento y crear una nueva que te abra puertas al presente y al futuro.

Te sugiero practicar el siguiente ejercicio, si te es posible, dos veces al día.

En una posición cómoda cierra tus ojos y fija tu atención en tu respiración, en cómo entra y sale el aire de tus pulmones. Imagina que al inhalar, así como llevas oxígeno a tus células, también llevas oxígeno a tu mente y cómo al exhalar, así como tu cuerpo se libera de toxinas, también te liberas del dolor, del resentimiento de las presiones y de toda tensión.

Trae a tu mente la imagen de una escena llena de belleza y paz, una imagen plena de sentimientos positivos y siente la fuerza de esos sentimientos que te llenan de luz y fortaleza, iluminando tu propio corazón. Continúa respirando muy lenta y profundamente; reflexiona en lo que tú hubieras preferido que sucediera en alguna situación que te ha ocurrido. Reconoce las limitaciones que todos tenemos al demandar y exigir cosas que no siempre salen como nosotros deseamos; afirma tu intención positiva, una meta, un objetivo hacia adelante y crea en ti el sentimiento de alegría al alcanzar esa nueva realización en tu vida. Disfruta de esa imagen que te llena de esperanza hacia el futuro y que estará en ti y sólo en ti poder construir y lograr.

Dos veces al día piensa en esas metas, en esa imagen polarizada llena de todo lo positivo, sobre todo cada vez que venga a tu mente el recuerdo de un evento que duele, que lastima. Conforme pasen los días tu mente estará mucho más enfocada en lo que es la posibilidad de tu presente y tu futuro en vez de en tu pasado.

6

El proceso espiritual

*«En aquellos que alimentan el resentimiento, la ira
nunca llega a aquietarse, el odio nunca cesa y sólo a
través del amor podrá terminarse con él, ésta es la ley
más antigua.»*

DHAMNADADA

Como hemos visto en capítulos anteriores, y sobre todo fundamentados en la investigación que hemos realizado, para que el perdón sea en verdad efectivo también se tiene que trabajar en un proceso espiritual que va más allá de los aspectos psicoemocionales. Quienes así lo hacen han demostrado tener, significativamente, mucho menos ansiedad y depresión comparados con aquellos que omiten la espiritualidad y que tienden, por lo tanto, a convertirse en personas más deprimidas y ansiosas.

Como también hemos mencionado tantas veces, el perdón no es tan sólo una conducta, algo que se hace o no se hace, sino que es un proceso que se va dando desde nuestro interior, desde los valores relacionados con nuestra espiritualidad.

Después de que, con toda nuestra racionalidad, determinamos

que hemos sido tratados injustamente, sólo llegaremos a perdonar cuando por propia voluntad, dejemos ir el resentimiento, al que tenemos derecho, y procuremos responderle a la vida con la virtud de la compasión.

Habrá personas que parece que nunca llegan a reconocer que nos han lastimado, viven en una especie de narcolepsia espiritual respecto a su sentido de responsabilidad; es como si su conciencia estuviera suspendida en un estado de coma. Para perdonarlas requerimos de espacio en nuestro interior, de una espiritualidad que nos exige vaciarnos de egoísmo, rigidez y soberbia.

Al perdonar vencemos nuestro resentimiento y no por negarnos a nosotros mismos el derecho que tendríamos de estar resentidos, sino por el esfuerzo que tendremos que hacer para poder llegar a percibir a nuestro ofensor con compasión.

Al referirnos a aquello que toca nuestro corazón, nuestra emotividad, las respuestas precisas al por qué nos comportamos de una manera u otra, no son fáciles de encontrar. Reconozcamos que nunca sabremos con exactitud el por qué otra persona ha podido actuar de la forma que lo hizo. No podemos saber si las acciones que cometió de verdad llevaban la intención de lastimarnos, no podemos ser totalmente conscientes de las experiencias de nuestro pasado que pueden estar influyendo en la percepción de nuestra experiencia presente, sólo sabemos que sentimos dolor.

No existe una sola manera de explicar el por qué las cosas han sido o son como son; sería mucho mejor y mucho más sabio buscar en nuestra interioridad para darnos cuenta de cómo podemos llegar a sanar y reemprender el camino en una nueva dirección. Para lograrlo nuestra espiritualidad es imprescindible.

Perdonar a quien nos ha lastimado, como lo hemos dicho anteriormente, no significa debilidad o justificación, sino una capacidad de manifestar nuestra libertad y fortaleza, puesto que si no perdonamos es la otra persona quien sigue ejerciendo control sobre nosotros.

Como la historia nos ha mostrado, superar los odios añejos y recalcitrantes no se consigue ni siquiera por medio de ejércitos y guerras. El odio oculto y reprimido reaparecerá de nuevo a la primera oportunidad e intentará vengarse contra aquellos que nos dañaron a nosotros o a nuestros ancestros y amigos. Sólo la generosidad de nuestro corazón y la fortaleza de nuestro espíritu podrán superar ese intento vengativo y lograrán terminar, por lo tanto, con la guerra misma.

Si decidimos que no podremos perdonar hasta que la otra persona haya confesado, lo lamente de verdad y diga que no volverá a hacerlo, nos podremos quedar atascados en el resentimiento que puede destruir nuestra propia vida, atrapados en una situación sin salida. Sólo una visión clara de nuestra espiritualidad nos puede ayudar a comprender que lo importante es alcanzar la paz interior y por ello encaminarnos resueltamente hacia el perdón, dejando atrás los sentimientos y/o pensamientos que parecen impedir nuestro avance.

La acción que otra persona haya cometido la define a ella y no a quienes somos nosotros. Nuestra paz interior afianzará nuestra libertad para elegir mostrarnos cercanos o distantes o, inclusive, para llegar a la virtud de servir al otro sin resentimiento.

El proceso espiritual del perdón conlleva siete diferentes pasos:

1. Renunciar a la venganza y detener el abuso.
2. Identificar nuestras pérdidas y hacer el duelo.
3. Desarrollar comprensión para el ofensor.
4. Encontrarle un sentido a la ofensa.

5. Expresarlo.
6. Abrirnos a la gracia de perdonar.
7. Diálogo para renovar/terminar con la relación o perdonar desde el silencio del corazón, a distancia.

Renunciar a la venganza y detener el abuso

Enojarnos nos ayuda a prevenirnos de que se nos vuelva a lastimar de igual forma en el futuro. Uno de los grandes secretos del auténtico perdón es que no te exige ahogar tu enojo, sino renunciar a la venganza, al rencor y a la amargura impidiendo, a la vez, que el abuso continúe. Estas dos decisiones son fundamentales para llegar a un verdadero perdón y es por ello que debemos optar por ellas.

El deseo de venganza hace que nuestra atención y energía continúen enfocadas hacia el pasado y reaviva nuestro dolor al recordarlo sin cesar. Esto nos impide gozar de la paz y la tranquilidad necesarias para sanar la herida y permitir que cicatrice.

Siempre debemos hacer el esfuerzo de navegar por un mar sereno que nos aleje de las tormentas vengativas y no desesperarnos ni sentir que hemos fracasado en nuestro intento de perdonar tan sólo porque, ocasionalmente, podamos volver a sentir enojo al recordar una herida dolorosa. Lo que esto nos estará indicando es que seguimos en el proceso y lo importante será que, a pesar del enojo, no deseemos la venganza. La historia del mundo, como ya hemos visto, nos demuestra una y otra vez que la venganza nunca conlleva un verdadero sentido de reparación, simplemente perpetúa el ciclo del dolor.

Con frecuencia nos aferramos a nuestro deseo de venganza pensando que con ello nos liberaremos de lo que se nos ha hecho y que haciendo algo que a nuestro ofensor le duela, tanto o más de lo que nos ha dolido a nosotros, lograremos equilibrar las cosas. Pero la realidad es que necesitamos trabajar nuestro dolor, porque, provocárselo al otro no resuelve nada. Bien dice un proverbio chino: *«Aquel que persiste en obtener venganza, debe preparar dos tumbas».*

Debemos renunciar a nuestras absurdas expectativas de que el pasado sea diferente, ya es pasado y nada lo puede cambiar. Esto no significa que lo que sucedió se justifique, pero debes preguntarte: *¿Voy a permitir que esta situación defina el resto de mi vida o deseo permanecer plenamente vivo para mi presente y mi futuro?*

Cada uno de nosotros tendrá que pasar por un proceso de decidir los costos y beneficios de no castigar a quien nos ha ofendido, pero recuerda que si no tienes ni el poder ni la autoridad para castigar a tu ofensor a través de una justicia digna, entonces tus intentos por hacerlo solamente te estarán lastimando a ti.

En este paso, donde renunciamos a nuestro deseo de venganza, debemos recordar que mientras sigamos atrapados en la rabia que ese mismo deseo genera, no tendremos suficiente claridad mental para discernir y tomar las mejores decisiones.

Recuerda que podemos perdonar a otros sin tener que renunciar a nuestro derecho de defendernos, pero perdonar de verdad significa dejar ir la rabia y, aun exigiendo reparación del daño, despojarnos del anhelo de venganza que envenena nuestra propia vida. Esto significa que inclusive exigiendo a nuestro ofensor asumir las consecuencias de sus actos dejamos atrás el rencor para proceder con el equilibrio que la verdadera justicia nos exige. Esta decisión es el resultado de un compromiso para estar en paz con nosotros mismos y con los demás; de la voluntad de renunciar a nuestros agravios para albergar en nuestro corazón una verdad espiritual más elevada que nos conduzca a renovar la vida y seguir adelante.

Por otra parte, lo que debe quedarnos muy claro es que no debemos permitir que las conductas abusivas de quien nos ha hecho daño continúen, si las permitimos es inútil decir que queremos perdonar: ¿cómo hacerlo o pensar siquiera en hacerlo cuando nos encontramos sometidos a una violencia constante?

Pretender perdonar mientras permitas que el abuso y la agresión continúen equivale a renunciar a tus propios derechos y dar muestra de cobardía. Mahatma Gandhi, el gran apóstol de la no violencia, nos previno de ser cobardes cuando dijo: «*Si sólo pudiera optar entre la violencia y la cobardía, no vacilaría en aconsejar la violencia*». Será siempre bueno recordar su firme determinación de detener los abusos cometidos a través de leyes injustas, sin dar nunca marcha atrás. Tenemos que saber defendernos y reconocer que es un absurdo pretender perdonar de verdad cuando nos siguen lastimando.

Recordemos que existen opciones para poner fin al abuso. Por ejemplo, recurrir a las instancias de justicia y no nos confundamos pensando que al ser personas cercanas a nosotros eso no puede hacerse. Conozco a padres de familia que han tenido el valor de denunciar a su propio hijo que los abusa y les roba la escasa cantidad de pensión con la que sobreviven; esposas maltratadas que han superado su miedo a través de la denuncia, para protegerse de la violencia de su marido. En ambos casos, es evidente que la intención que estas personas tenían no era la de vengarse, sino la de que cesaran el abuso y el terror para, eventualmente, orillar al agresor a buscar ayuda.

Perdonar no nos exime de tener el valor de interpelar al ofensor, de poner un alto al abuso y de recurrir a la justicia si fuese necesario. Debemos ser realistas, perdonar se torna en algo imposible o en un gesto hipócrita cuando permitimos que nuestro ofensor continúe agrediéndonos.

Identificar nuestras pérdidas y hacer el duelo

Cuando alguien o alguna circunstancia nos lastima no solamente enfrentamos el dolor, la tristeza y la rabia, sino que también tendremos que confrontar la pérdida de cosas que eran o siguen siendo importantes para nosotros. Más allá de la relación que se ve afectada, ¿qué has perdido?, ¿en qué valores te has sentido defraudado?, ¿qué expectativas, sueños o ilusiones se han derrumbado?

La experiencia nos ha mostrado algo de lo que con frecuencia podemos llegar a perder al ser lastimados: Hay quienes pierden su autoestima, por el maltrato al que han sido sometidos y el abuso psicológico que ha habido sobre ellos; hay quienes pierden su reputación, puesto que el ofensor, más allá del daño que les ha causado de forma directa, esparce en su entorno falsedades respecto a la persona, que pueden destruir el concepto que otros tienen de ella.

Hay quienes pierden todos sus bienes o gran parte de los mismos, en particular de aquellos en los que han trabajado en conjunto con la persona que les abusa y abandona. También hay quienes pierden la necesidad que todos tenemos de discreción respecto a nuestros secretos, puesto que, en ocasiones, han confiado en el otro, ya sea un familiar, una pareja o a quien consideraban su mejor amigo, algunos aspectos de su intimidad que jamás pensaron que ese otro pudiera divulgar.

Una de las más terribles pérdidas que podemos padecer cuando alguien nos lastima es la pérdida de la confianza en los demás, pérdida que nos deja atrapados en un mundo de temores y «solitariedad». Hay quienes, a través de una grave ofensa, pierden sus propios ideales o sueños de felicidad, la ilusión de una familia feliz queda derruida o la expectativa de prosperidad y seguridad en un trabajo se derrumban por el engaño.

Hay personas que por haber sido sometidas al abuso físico llegan a perder hasta su propia salud y quienes por tener un equivocado sentido del amor han renunciado a y perdido sus propios valores, como la honestidad y la verdad, por solapar a quien ha cometido actos ilícitos haciéndose su cómplice para después haber sido traicionados o abandonados por ellos.

En este paso te recomiendo que te detengas a reflexionar y a determinar, de la forma más precisa, qué pérdidas has sufrido como consecuencia de la ofensa que has recibido. Tomar conciencia de lo que ya no tienes te ayudará a iniciar el proceso de duelo por dichas pérdidas. Si no dolemos lo perdido, la rabia y la frustración quedarán atrapadas y no llegaremos a perdonar de verdad, puesto que cada vez que pensemos en lo que se perdió, sin haber procesado el duelo, volveremos a sentir el dolor, la cólera y el anhelo de venganza.

Por otra parte, es también muy importante que mantengamos la suficiente serenidad para recordar que, en ocasiones, nos puede estar afectando mucho más la interpretación que hacemos de los hechos que los hechos mismos y que siempre estará en nuestro poder recuperar buena parte de lo que sentimos perdido.

Comprender al ofensor

Si de entrada consideras que no hay nada que comprender, eso puede significar que no has transitado por los pasos previos a éste y no has realizado un buen desahogo emocional. Ten paciencia y regresa a lo que se ha quedado atascado. Perdonar es un proceso, respeta tu ritmo personal de progresar en él. Lo primero que debemos preguntarnos en esta fase es: *¿Me siento dispuesto a salir de mí mismo para cambiar mi percepción de quien me ha hecho daño?*

Con una mirada de comprensión podemos llegar a reconocer que nuestro ofensor puede ser una persona que lucha con su propia confusión y con lo que cree que son sus necesidades. En este punto podríamos llegar a reconocer que tal vez el incidente no estaba tan directamente relacionado con hacernos daño a nosotros, sino más bien con una muy errónea percepción de nuestro agresor de cómo satisfacer lo que, según él, necesitaba.

Comprender no significa condonar o justificar lo que una persona ha hecho, sino tener una visión más amplia de las razones por las que lo hizo pero, sobre todo, facilitarnos a nosotros mismos el camino del perdón, ya que nuestra capacidad para lograrlo se fortalece cuando podemos contemplar a nuestro ofensor desde la comprensión.

Por un momento imagina que te puedes sentar en el lugar donde el otro se encuentra y puedes ver el mundo a través de sus ojos. Quedarás sorprendido cómo, sin justificarlo o condonarlo, podrás comprenderlo mejor, lo que te permitirá manejar más fácilmente el cambio de actitud que el perdón nos exige para dejar atrás el dolor y continuar con la vida.

Cualquier persona que nos lastima lleva consigo una carga de pensamientos y sentimientos disfuncionales que, en muchas ocasiones, son el resultado de sus experiencias previas que, al no haber sido sanadas, contaminan sus relaciones en el presente.

Es obvio que no podremos llegar a entender todo sobre la otra persona y su conducta pero, por mínima que sea la comprensión que podamos adquirir, se nos facilitará el camino. Si logramos encontrar algún por qué de su comportamiento, tendremos una mejor disposición a cambiar nuestra manera de percibir las circunstancias y tendremos que esforzarnos menos para perdonar.

Siempre vamos a sentir que quien nos ha lastimado no tenía por qué hacerlo y es por ello que tratar de entender «racionalmente» el por qué alguien nos ha herido se puede convertir en una obsesión de por vida. Lo importante es tratar de comprender, y aunque la comprensión nunca justificará lo que se hizo, nos ayudará a liberarnos de la rabia y la amargura.

Existen algunas necesidades en todo ser humano, que al no verse satisfechas en las primeras etapas de la vida, pueden dejar una dolorosa huella que fácilmente lo llevará a repetir patrones o a, inconscientemente, tratar de desquitarse con el que se le ponga enfrente, especialmente si es una persona cercana y «de confianza».

- La necesidad de pertenecer.
- El respeto a la identidad personal.
- Libertad para expresar sentimientos, pensamientos y necesidades.
- El espacio para ser espontáneos.
- La necesidad de límites y autodisciplina.

Buscar satisfacer alguna de estas necesidades, aunque fuera de lugar y tiempo, puede ser el motivo por el cual alguien se comporta de manera inadecuada.

Comprender es conocer mejor los antecedentes familiares, sociales y culturales de nuestro ofensor y aunque sus circunstancias o antecedentes no justifiquen su conducta errónea, al menos la explicarán en parte. Si conocemos algo de la historia de una persona, será más fácil ponernos en su lugar y comprender mejor las desviaciones de su conducta.

Así, por ejemplo, el hecho de saber que alguien que comete abusos sexuales ha sido, él mismo, víctima de esos abusos, no disminuye la gravedad de su crimen, pero nos abre un sentido más humano de comprensión.

Para conocer mejor a una persona requerimos de información en tres diferentes áreas de lo que puede ser su personalidad.

- ¿Cuáles son sus características básicas?
- ¿Cuál es su contexto personal, su entorno?
- ¿Cuáles son las historias que integran su vida?

Las características básicas implican los rasgos propios de cada persona y se relacionan con la conciencia o inconsciencia que tiene de sí misma y de sus actos; con su habilidad para tratar con los demás; con el nivel neurótico o francamente patológico que maneja.

Su contexto personal, es decir, su entorno, implica las circunstancias que ha vivido, las decisiones que ha tomado y que han ido conformando su vida. Esto abarca lo que construye en su mente respecto a sus proyectos, deseos y objetivos; podríamos decir que sus características hablan de lo que la persona es y su contexto de lo que en cierto sentido la ha moldeado y de lo que ella misma ha hecho con sus circunstancias.

Las historias que integran la vida de una persona se refieren a su identidad y la manera en como las cuenta. Su identidad se refleja a través de las historias que construye para proveerle de un sentido y propósito. Ellas nos muestran un sinfín de rasgos, son como el flujo que da vida a la personalidad. Esta área se refiere a la gran tarea de lo que la persona hace de sí misma.

Conocer y comprender a nuestro ofensor nos amplía la capacidad para la empatía, elemento fundamental para tener éxito en el proceso de perdonar; podríamos definir la empatía como nuestra propia capacidad cognitiva y afectiva de procurar percibir las cosas desde los esquemas de referencia del otro que estarán siempre conformados por sus características, su contexto personal y las historias de su vida.

La investigación nos ha demostrado que la empatía, alcanzar una mayor comprensión, y la intuición más profunda respecto a las circunstancias de nuestro ofensor, son indispensables en cualquier proceso genuino de perdón. Dentro de la experiencia clínica las personas que luchan por perdonar logran llegar a hacerlo cuando son capaces de ver a quienes les han ofendido de una manera diferente.

Si somos honestos, hemos de reconocer que, en ocasiones, nuestro ofensor ha tenido que luchar con mucho dolor y dificultades en su vida y que, tal vez, la más profunda de sus intenciones no era la de lastimarnos. Pero lo que es un hecho es que podemos manejar mejor nuestras heridas y dejarlas atrás cuando tenemos la capacidad de ampliar nuestra perspectiva y no tomarnos las ofensas a un nivel excesivamente personal.

La verdadera comprensión nos lleva a dar un paso aún más radical que se refiere a buscar la intención «positiva» que tenía el ofensor. Cuando decimos «positiva», obviamente no nos referimos a buena, sino al beneficio que la persona buscaba alcanzar para sí misma. Por ejemplo, la intención «positiva» de un padre violento no es dañar a su hijo, sino controlarlo para que se le «enderece» y no crezca torcido; la de un violador, por lo general, no es la de lastimar a una mujer en particular, sino la de satisfacer su deseo enfermizo; la de un joven ladrón, a quien no le importa robar a alguien en particular, sino probar su valor ante la pandilla o hacerse de dinero para satisfacer algún capricho.

En muchas ocasiones pensamos que el daño que se nos ha hecho ha sido con la única intención de lastimarnos, pero en realidad, como lo hemos mencionado anteriormente, casi todos nosotros cuando ofendemos a alguien lo hacemos pensando en defendernos o en algo que consideramos como necesario para nuestro propio beneficio.

Por otra parte, si bien hay quienes hacen daño con una supuesta intención «positiva» para ellos mismos, otros hacen daño sin querer. Pensemos en los conductores ebrios que matan o hieren a alguien en un accidente; en los padres que se encuentran en un proceso de divorcio y que muy lejos de lo que desean, perturban la vida de sus hijos; en los médicos que no por negligencia, sino por un error humano de un diagnóstico o tratamiento equivocado, arruinan la salud de sus pacientes.

No negamos que en todos y cada uno de este tipo de casos, las víctimas pueden sufrir graves perjuicios, y que quienes los perpetraron deben asumir las consecuencias ante la justicia, sin embargo, reconocer que los responsables de ese daño no nos lo hicieron a propósito, aunque no pueda eliminar nuestro dolor, sí puede ayudarnos a atenuar nuestro rechazo a perdonar.

Toda comprensión y conocimiento, desde la empatía, nos lleva al verdadero sentido del amor y todo amor verdadero debe convertirse en una manera de pensar. Como nos dirían los místicos: «*Conocer para amar, amar para conocer*».

Al contrario de los que te aconsejan perdonar con los ojos cerrados, debemos perdonar con los ojos bien abiertos para poder percibir con claridad, y descubrir, en quien nos ha hecho daño, aspectos que hasta ese entonces desconocíamos. Sólo así podremos perdonar, ya que como afirmaba Henry Longfellow: «*Si pudiéramos leer la historia secreta de nuestros enemigos, encontraríamos en la vida de cada uno suficiente tristeza y dolor para desmantelar nuestra hostilidad*».

Encontrarle un sentido a la ofensa

Toda situación dolorosa nos ayuda a crecer. Ante la perspectiva que podemos tomar después de la conmoción de una ofensa, debemos preguntarnos: *¿Qué puedo aprender?, ¿de qué manera me puedo beneficiar de esta experiencia?, ¿cómo podría utilizarla para madurar y ser una mejor persona?*

Comprendemos que dar respuesta a estas preguntas no es tarea fácil, requiere de fortaleza interior que sólo la espiritualidad nos puede dar. Pero lo que sí es un hecho es que cada experiencia que transitamos es portadora de aprendizaje.

También comprendemos que ante ofensas tan graves como una violación, un secuestro, el asesinato de un ser querido, la traición más baja, hipócrita e inesperada, nos resulte muy poco fácil concebir algún tipo de beneficio detrás de la experiencia. Sin embargo, es un hecho que todo aquello que nos acontece, cuando sabemos encajarlo y procuramos hacerlo, nos da una riqueza interior capaz, no sólo de transformarnos a nosotros mismos, sino también a nuestro entorno y a nuestra sociedad. La realidad es que detrás de cada evento heroico, hay una persona que trascendió su dolor, descubriendo sentidos más profundos para su vida.

Siempre podremos utilizar el trastorno de una ofensa para madurar y ser mejores, como la misma psicología nos comprueba, nuestra maduración depende más del aprendizaje que podamos obtener y utilizar de una experiencia, que de la experiencia misma, lo que nos lleva a una auténtica mejoría de lo que somos y que siempre va a depender de nuestra evolución espiritual más que de cualquier otra circunstancia.

Siempre procura descubrir la riqueza verdadera, aunque no visible, que una ofensa puede producir en tu vida; encontrarle un sentido positivo al dolor es descubrir que detrás de toda adversidad invariablemente estará escondida la semilla de una oportunidad o de un bien mayor.

Nunca pienses que: *«De una desgracia no se puede esperar nada bueno*». Nosotros te aseguramos lo contrario, es decir, que tu herida puede ser fuente de sabiduría y crecimiento. ¡Cuántas personas han dado un nuevo rumbo a sus vidas y alcanzado plenitud después de haber transitado por un gran dolor!

Expresarlo

Antes de que podamos llegar a manifestar una determinada conducta es imprescindible que la podamos concebir y crear en nuestro interior, ya que todo comportamiento es el resultado de una actitud, lo que nos reitera el por qué el cambio en nuestras actitudes es vital para poder perdonar.

Pero, ¿cómo manejar o construir una actitud que nos lleve a cumplir nuestro propósito? Para lograrlo debemos tomar conciencia de que todas y cada una de nuestras actitudes surgen a partir de nuestra forma de pensar, por ello afirmo en mi libro *Saber pensar*, **cambia tu pensamiento y cambiarás tu vida.**

A la vez, nuestra forma de pensar se edifica a partir de nuestras imágenes y palabras. Es por esto que para llegar al perdón debemos empezar por expresar/afirmar: «*Yo deseo perdonar, yo voy a perdonar*», «*yo merezco libertad y paz, y elijo perdonar*».

No importa si al principio haces estas afirmaciones casi en silencio y en total privacidad, pero debes empezar a hacerlas y a escucharte a ti mismo cuando las dices. Todo aquello que afirmes con frecuencia se convertirá en una forma de pensar y sentir que genera, a la vez, una actitud que eventualmente se habrá de manifestar en una conducta. Expresarte a ti mismo con voz te llevará al voto de perdonar, liberándote del pasado y abriéndote a las posibilidades de tu futuro.

Abrirnos a la gracia de perdonar

Un corazón endurecido no encuentra posibilidades para el perdón, debe ser «tocado» y para ello debe abrirse a la gracia que nos permita redescubrir un corazón de carne y no de piedra. Si no lo procuramos el único que vivirá con tanta dureza somos nosotros mismos.

Vencer resentimientos muy añejos, especialmente si son grandes, no es fácil, la batalla es intensa y requerimos de nuestra relación con Dios como fuente de fe, esperanza y amor. La realidad es que nuestra fortaleza interior se apoya en nuestros valores y en nuestra relación con Él, para que esa relación sea verdadera en nuestras vidas necesitamos de la oración.

La frase que nos recuerda que hemos de perdonar, como nosotros somos perdonados, está dentro del contexto de la oración cristiana por excelencia que describe nuestra relación con Dios, a quien siempre debemos concebir como un padre amoroso que nos comprende y perdona. Al relacionarnos con el Dios infinito de la misericordia adquirimos el enorme poder para perdonar, aun aquello que hemos considerado como imperdonable.

El perdón humano, comprendido desde esta perspectiva espiritual, no es tan sólo una virtud que ejercemos para mejorar nuestra salud física o mental, sino una realidad para la extraordinaria calidad de vida que podemos alcanzar cuando vivimos una auténtica relación con Dios y en amor con los demás seres humanos.

Sólo una profunda espiritualidad y la fortaleza que nos da la oración, nos pueden llevar a asumir que el perdón no sólo involucra la comprensión compasiva, sino que también introduce, en nuestras profundidades, el valor del respeto por la otra persona; no por lo que ha hecho, sino porque como ser humano siempre tendrá el potencial para corregir y tener buena voluntad.

Hay acciones que podemos hacer para favorecer el proceso que sana nuestro corazón. Entre ellas, más allá de nuestras actitudes, está la práctica de la meditación/oración que será imprescindible para adquirir la fortaleza que requerimos ante lo que, en ocasiones, nos parece casi inconcebible que haya sucedido.

Firmemente creemos que la fuente más abundante para el perdón siempre tiene su origen en nuestra interioridad, que es espiritual y que brota a partir de la sanación de nuestros recuerdos y de la práctica espiritual por excelencia, que es orar. Por ello nos permitimos sugerirte que asignes un tiempo de meditación/oración cada día, con el único propósito de abrirte a la presencia de Dios para llegar a vivir la experiencia de que su Ser ya habita dentro de ti.

San Juan de la Cruz decía: «*Que bien se yo la fonte que mana y corre aunque es de noche*». Y aun en nuestras noches más oscuras del dolor esa fuente en nuestro interior, que es Dios mismo, calmará nuestra sed cuando permitimos que se manifieste a través de la oración.

Pocas actos nos liberan tanto de nuestros resentimientos y pesares como la fortaleza espiritual que nos permite ser capaces de orar por aquel que nos ha ofendido, pidiendo la luz que le haga consciente y le ayude a conllevar la consecuencia de sus propios actos, llegando, nosotros mismos, a una paz y sentido de libertad que sólo Dios puede darnos.

Si nuestro modelo de vida para ser felices es Dios mismo, recordemos lo que con claridad nos dice el Salmo 103*:

* Nueva biblia de Jerusalén, en letra grande, Editorial Desclée de Brouwer, S. A. de C V. 1999.

Yahvé es clemente y compasivo,
lento a la cólera y lleno de amor;
no se querella eternamente,
ni para siempre guarda rencor;
no nos trata según nuestros yerros,
ni nos paga según nuestras culpas.

Para este paso, junto con tu meditación/oración, te sugerimos que elijas una frase o una imagen, de acuerdo a tus propias creencias, que te ayude a mantener conciencia de ese contacto con lo trascendente y te ayude a sostener un enfoque de tu atención hacia la fortaleza de tu espíritu.

¿Hasta dónde somos los seres humanos capaces de perdonar con la gracia de la oración? Compartimos contigo una plegaria encontrada en el roído bolsillo de un cadáver, abandonado en los campos de exterminio de Adolf Hitler. Quien la escribió vivió los más inimaginables horrores y nos dejó testimonio de la fortaleza que sólo viene de Dios.

La oración de Ravensbrück

«Oh señor, acuérdate no sólo de los hombres y mujeres de buena voluntad, sino también de los de mala voluntad. Pero no te acuerdes de todo el sufrimiento que nos han infringido; acuérdate de los frutos que hemos obtenido, gracias a este sufrimiento; nuestra camaradería, nuestra lealtad, nuestra humildad, nuestro valor, nuestra generosidad, la grandeza de corazón que ha crecido de todo esto, y cuando ellos se presenten a tu juicio, que todos los frutos que nosotros hemos ganado constituyan su perdón».

Estamos absolutamente convencidos de que sólo la vivencia de profunda oración puede llevarnos a tan grandes alturas de misericordia y perdón.

Como ya hemos visto, la venganza nos deja atrapados en el pasado y una de las razones por las que la oración resulta ser tan importante para el perdón, es porque se finca en la esperanza que nos permite abrir horizontes de futuro.

T. S. Elliot afirmaba que: «*Un hombre sin Dios es como una semilla en el viento*», firmemente creo que un hombre con Dios es la roca más firme en la que Dios mismo constituye su alcázar.

Diálogo para renovar/terminar una relación o perdonar desde el silencio del corazón, a la distancia

Este paso es el que nos lleva al diálogo con la persona que nos ha ofendido, ya sea para renovar la relación o para finalizarla en los mejores términos. Es un diálogo que debe ser directo y que exprese nuestras necesidades y sentimientos, si no es así estaríamos falseando la honestidad y tendiendo nuevas trampas para que en el futuro nos encontremos en una situación semejante.

Toda relación que ha sido seriamente lastimada, aun a través del perdón, no debe simplemente continuar, exige renovarse en nuevos términos, condiciones y límites.

Cierto es que en ocasiones pensamos tener razones por las cuales no expresar lo que sentimos y necesitamos, una de ellas sería el profundo deseo de ser aceptados y de pertenecer al costo que sea. Si somos codependientes diremos que con el solo hecho de que nos pidan perdón, o peor aún, con nada más nosotros perdonar todo está bien, cuando en realidad no lo está. Pero si sacrificas tu integridad con tal de continuar la relación a cualquier precio, destruirás cada vez más tu autoestima y, en realidad, el resentimiento crecerá en tu interior alejándote de un auténtico perdón.

Por otra parte, recuerda que perdonar no es equivalente a cambiar tus decisiones, por lo cual en este diálogo directo también puede estar incluida la posibilidad de que, a pesar de haber perdonado, se decide terminar con la relación.

La honestidad es un valor que se rige desde la interioridad de nuestro espíritu y por ello este diálogo sólo puede ser efectivo y auténtico, tanto para renovar como para terminar, si se hace desde esa integridad interior.

En el siguiente capítulo profundizaremos en las condiciones sobre las cuales se construye una efectiva y duradera reconciliación, si es que nuestro propósito, y el de quien nos ha ofendido, es el de renovar la relación.

En el tránsito por este paso también debemos considerar las situaciones donde el diálogo directo no es posible, ya sea porque nuestro ofensor ni siquiera haya reconocido su error; porque esté dando muestras claras de no cambiar su conducta o porque la persona esté fuera de nuestras posibilidades de contacto por distancia o por muerte, en cuyo caso esta etapa sólo puede realizarse desde el corazón. Para perdonar no necesitamos de la presencia del otro, es una decisión que tomamos y decidimos asumir desde nuestras profundidades.

Sin embargo, siempre existirá el recurso de poder expresar objetivamente nuestro perdón a través de una carta, que no requiere de ser enviada, o desde el silencio de nuestro interior en la oración con el buen Dios que siempre nos escucha.

A través de estos pasos procura, en la medida de lo posible, siempre sonreír. Recuerda que la gente negativa, hostil y con mentalidad de víctima lo único que logra es llevar siempre consigo, y a todo lugar, sus resentimientos que impedirán un cambio de actitud hacia el perdón.

Si de verdad tienes la voluntad, practicas el pensamiento positivo, realizas un buen desahogo psicoemocional y edificas la fortaleza de tu espiritualidad, a través de cada uno de estos pasos, podrás empezar a desarrollar una actitud de perdón de los cuales puedan surgir la paz, la esperanza y la libertad, que te llevarán a una verdadera reconciliación contigo mismo y con los demás.

Perdonar debe convertirse en un hábito, sin obviar el tránsito necesario por todas aquellas etapas que nos permitirán permanecer siempre en la realidad y en la necesidad de los límites. Cuando perdonar se convierte en hábito inteligente se transforma en una norma de vida que nos ayudará a alcanzar nuestra propia realización y a ser felices.

A nivel interior, vivir el perdón no solamente nos permite sentir alivio y liberarnos de una carga pesada, sino que también nos genera un sentimiento de alegría como resultado de haber solucionado un problema, de haber cerrado un ciclo y de encontrarnos en la disposición de emprender un nuevo camino.

Lo que te haya sucedido puede haber sido terrible, pero apegarte a esa ofensa te hará permanecer emocional y espiritualmente anclado a esa experiencia. Una parte de ti se quedará atrapada en el pasado y te convertirás en la sombra de a quien le sucedió esto o aquello, en vez de convertirte en la persona que tú puedes llegar a ser.

El que no ha degustado la enorme liberación del perdón no ha podido aún disfrutar de una de las más grandes y enriquecedoras experiencias de la vida. Hasta que no perdonemos seguimos atascados, incapaces de cambiar, reviviendo en nuestra mente y en nuestro corazón la misma película, haciendo que continuemos encadenados a lo que nos hicieron y a quien nos lo hizo.

En familias donde la narrativa de una historia de resentimientos se recuenta una y otra vez, tú podrías ser el transformador al pensar de manera diferente. Puede ser que sientas que eso es un riesgo, pero podría darle a todos los demás la oportunidad de cambiar y los efectos serían sorprendentes.

Aun cuando han pasado los años habrá momentos en que un suceso o unas palabras traerán a tu memoria la herida que padeciste y pudieras sentir dolor. Negar esta realidad sería negar el poder que tiene el cerebro humano para hacernos revivir experiencias pasadas. En realidad, cuando perdonamos a alguien, lo que dejamos atrás es el odio y el rencor, pero no el rechazo a lo incorrecto de la ofensa misma; por ello ten paciencia contigo mismo.

La espiritualidad desempeña un papel importante, puesto que cuanto más la profundicemos llegaremos a tener una mejor disposición para perdonar. Esto se debe a que saber perdonar es una acción exquisita de amor y benevolencia, dentro de un contexto que nos ayuda a encontrar sentido en lo que parece no tenerlo.

La historia que a continuación te relato, una historia verdadera contada por el doctor Jack Kornfield, psicólogo clínico, y publicada por el doctor George E. Vaillant, psiquiatra de la Universidad de Harvard, nos muestra las posibilidades del verdadero y más profundo perdón.

Un muchacho de catorce años que estaba en el programa de reha-bilitación para delincuentes juveniles, había disparado y matado a un joven inocente para demostrar su valía ante su banda. Du-rante el juicio, la madre de la víctima se mantuvo impasiblemen-te en silencio hasta el final, cuando el joven fue acusado de asesi-

nato. *Después de que se anunciará el veredicto, ella se puso de pie lentamente, le miró directo a los ojos y dijo: «Te voy a matar». Seguidamente el joven fue llevado a una institución juvenil donde tenía que cumplir una condena de varios años.*

Transcurrido el primer medio año, la madre del muchacho asesinado fue a visitar al asesino. Antes del asesinato, él había estado viviendo en la calle, por lo que ella era su único visitante. Estuvieron hablando durante un rato, y al irse ella le dio algo de dinero para tabaco. Seguidamente, poco a poco, ella empezó a visitarle regularmente, llevándole comida y pequeños regalos. Hacia el final de la condena de tres años, le preguntó qué iba a hacer cuando saliera. Él se sentía confuso e inseguro, de modo que ella se ofreció a ayudarle y le buscó un trabajo en la empresa de una amiga. Seguidamente le preguntó dónde iba a vivir, y como él no tenía familia a la que retornar, ella le ofreció usar temporalmente una habitación que tenía libre en su casa. Él vivió allí durante ocho meses, comió su comida y trabajó en el empleo que ella le había buscado. Entonces, una noche, ella le llamó a la sala de estar para charlar. Se sentó frente a él y esperó. Después le miró fijamente:

—¿Recuerdas que en el tribunal te dije que te iba a matar?

—Claro —replicó él—. Nunca olvidaré ese momento.

—Bueno, lo he hecho —dijo ella—. Yo no quería que el muchacho que podía matar a mi hijo sin motivo siguiera vivo en esta tierra. Quería que muriera. Por eso empecé a visitarte y a llevarte cosas. Por eso te conseguí el trabajo y te permití vivir aquí, en mi casa. Así es como me propuse cambiarte. Y aquel viejo muchacho, se fue. De modo que ahora quiero preguntarte: Como mi hijo se fue y ese asesino también se fue, ¿te quieres quedar aquí? Tengo sitio y me gustaría adoptarte si lo deseas.

Ella se convirtió en la madre que él nunca había tenido.

¿De dónde puede venir tanta compasión y perdón? Todos podríamos identificarnos con el dolor y la rabia que pueden decir: «*Voy a matarte*», pero, ¿qué ocurrió? El poder transformador del amor había intercedido.

Nuestra capacidad de perdonar no es lo que más puede evocar nuestra compasión y esperanza, sino también a nuestra alegría y nuestra fe. Cuando perdonas, y lo haces definitivamente, se incrementa tu experiencia de emociones positivas, fortaleces tu sentido de esperanza, de afecto, de confianza y de felicidad. Como se ha demostrado, se reducen los riesgos de padecer depresión y se aprende a ver el mundo como un lugar más benigno. Por lo tanto, estás más conectado contigo mismo y con los demás.

Abre el corazón, instruye tu mente, fortalece tu espíritu. El ahora siempre es el momento de evitar que el dolor del pasado distorsione las alegrías del presente y oscurezca las promesas del futuro. El perdón es lo único que transformará la obsesión de castigar por la pasión por la vida.

EJERCICIO DE REFLEXIÓN

Hagamos un alto para reflexionar sobre lo que el perdón puede significar para nosotros y la necesidad de fortalecer nuestra espiritualidad. Te recomiendo que te relajes y, con la mayor honestidad posible, des respuesta a las siguientes preguntas. Contestarlas te ayudará a tomar perspectiva y a profundizar en ti mismo para facilitarte el proceso del perdón.

¿Cuáles son los valores que considero importantes para mi espiritualidad?

_____

_____

_____

¿Qué tan dispuesto me encuentro para cultivar la compasión?

_____

_____

_____

¿Estaría en la disposición de vaciarme de mi egoísmo y rigidez?

_____

_____

_____

¿Soy consciente de que nunca podré conocer realmente el porqué una persona actuó de la forma en que lo hizo?

_____

_____

_____

¿Estoy sentado esperando a que alguien me pida que lo perdone para poder hacerlo? ¿Me doy cuenta que me puedo quedar esperando toda la vida?

_____

_____

_____

Renunciar a la venganza y detener el abuso

Piensa en algo que te haya lastimado y sobre lo cual quisieras ejercer venganza, ¿qué se sentiría dejar ir el anhelo de vengarte?

_____

_____

_____

¿Estoy dispuesto a dejar ir mis anhelos de venganza?

_____

_____

_____

¿Qué costos reales me traería ejercer venganza?

_____

_____

_____

¿Qué haré para impedir que las ofensas continúen?

_____

_____

_____

Identificar nuestras pérdidas y hacer el duelo

¿Qué pérdidas he tenido a través de la ofensa que tanto me duele?

_____

_____

_____

¿En qué valores me he sentido defraudado?

_____

_____

_____

¿Qué expectativas, sueños o ilusiones se han derrumbado dentro de mí?

_____

_____

_____

¿Soy consciente de que perder la confianza en mi futuro es algo mucho más dañino que la ofensa que haya padecido?

_____

_____

_____

Comprender al ofensor

¿Me siento dispuesto a salir de mí mismo para cambiar mi percepción de quien me ha hecho daño?

_____

_____

_____

¿Estoy consciente y acepto que comprender no significa justificar? ¿Cuál es la diferencia?

_____

_____

_____

¿Cuáles son las características básicas de mi ofensor? ¿Cuál es su contexto personal? ¿Qué historias integran su vida?

_____

_____

_____

¿Acaso no necesito más información respecto a lo que ha sucedido? ¿Dónde podré obtenerla?

_____

_____

_____

¿Estoy dispuesto a tratar de comprender a mi ofensor? ¿Por qué me habrá ofendido?

_____

_____

_____

¿Cuáles son mis sentimientos actuales respecto a la disposición de comprender al otro?

_____

_____

_____

¿Tengo la disposición de llegar a ser empático con quien me ha ofendido?

_____

_____

_____

¿Puedo imaginarme estar en el sitio del otro y ver los hechos desde su perspectiva y de acuerdo a su experiencia?

_____

_____

_____

Imagina lo que tu ofensor estaba sintiendo antes del incidente. ¿Qué antecedentes pueden haber en él/ella para haber sentido lo que sintió?

_____

_____

_____

¿Distingo la diferencia entre ser empático y quitarle a mi ofensor la responsabilidad de asumir las consecuencias?

_____

_____

_____

¿Qué intención «positiva» para sí mismo pudo tener la persona al ofenderme?

_____

_____

_____

Encontrarle sentido a la ofensa

¿Qué puedo aprender de lo que me sucedió?

_____

_____

_____

¿De qué manera me puedo beneficiar de la experiencia?

_____

_____

_____

¿Cómo podría utilizar mi dolor para madurar y ser una mejor persona?

_____

_____

_____

Expresarlo

¿Qué frase estoy dispuesto a decirme a mí mismo que exprese mi disposición a perdonar? La debo de escribir por lo menos tres veces.

_____

_____

_____

_____

_____

Abrirnos a la gracia de perdonar

¿Estoy dispuesto a dejar ir la dureza de mi corazón?

_____

_____

_____

¿Estoy dispuesto a valorar mi relación con Dios como fuente de fortaleza?

_____

_____

_____

¿Qué papel puede desempeñar la fe y la esperanza en mi superación del dolor?

_____

_____

_____

¿Qué tiempo pienso asignar a la meditación/oración? Debo ser realista.

_____

_____

_____

¿Puedo conservar el valor del respeto a otra persona como ser humano, a pesar de sus actos erróneos?

_____

_____

_____

¿Reconozco la fuente de paz y amor que brota dentro de mí mismo?

_____

_____

_____

Diálogo para renovar/terminar con la relación o perdonar desde el silencio del corazón, a la distancia

¿Deseo renovar la relación o terminarla?

_____

_____

_____

¿Estoy dispuesto a dialogar abiertamente con la otra persona?

_____

_____

_____

¿Qué necesidades y sentimientos tendré que expresar con honestidad en ese diálogo?

_____

_____

_____

¿Voy a permitir que una situación dolorosa defina el resto de mi vida, o deseo permanecer plenamente vivo para mi presente y mi futuro?

_____

_____

_____

¿Tengo la disposición de ser paciente, puesto que el perdón es un proceso y no algo que sucede de un día para otro?

_____

_____

_____

Escribe una carta en donde perdones a alguien que te ha ofendido. Hacerlo te ayudará a lograrlo.

_____

_____

_____

_____

_____

_____

_____

_____

_____

Te sugiero practicar el siguiente ejercicio, si te es posible, dos veces al día.

En una posición cómoda, cierra tus ojos y fija tu atención en tu respiración, en el entrar y salir del aire. Imagina cómo al inhalar, así como llevas oxígeno a tus células, inhalas también serenidad para tu mente, y cómo al exhalar, así como tu cuerpo se libera de toxinas, también en ese aire que sale te liberas del dolor, del resentimiento de las presiones y de toda tensión.

Trae a tu mente la imagen de una escena llena de belleza y paz, una imagen plena de sentimientos positivos y siente la fuerza de esos sentimientos que te llenan de luz y de fortaleza, iluminando tu propio corazón.

Mentalmente repite la afirmación que consideres más conveniente para iniciar el proceso de expresar tu voluntad de perdonar.

Siéntete conectado a esa luz interior, a esa fuente de agua viva que te habita, al Dios con quien te relacionas de acuerdo a tus propias creencias. Continúa respirando muy lenta y profundamente.

Ante la presencia de Dios realiza tu meditación/oración y siéntete fortalecido y liberado, permaneciendo así todo el tiempo que te sea posible.

Procura realizar este ejercicio dos veces al día y recordar siempre esa frase que te conecta con lo trascendente, para repetirla las ocasiones que te sea necesario durante tus actividades cotidianas.

Conforme pasen los días tu fortaleza espiritual crecerá y la paz y libertad del perdón se manifestarán en tu vida.

7

La reconciliación

«El perdón es la respuesta al sueño de un milagro,
gracias al cual lo que se rompe se recompone, lo que se
ensucia vuelve a estar limpio.»

DAG HAMMARSKJOLD

La reconciliación significa que nos decidimos a dejar el pasado atrás y que deseamos construir un futuro nuevo y diferente. Lo menos fácil en estas situaciones es que pensamos que el perdón y continuar con la relación tal y como estaba es lo mismo, pero reconozcamos que ante la agresión y la injusticia algún tipo de daño se ha causado y, por lo tanto, las relaciones no se deben continuar como si nada hubiera sucedido, porque sí sucedió.

Perdonar nada tiene que ver con permitir que las personas abusen de ti una y otra vez. Aun más, el verdadero perdón podrá significar, en algunas ocasiones, tener que dejar ir, sin la posibilidad de reconciliarnos, superando nuestro miedo a la soledad.

Reconciliarse no significa que debemos retomar las relaciones nuevamente tal y como estaban antes del problema. Una relación que ha sido lastimada nunca puede ser o estar «como si nada hubiera pasado». Al igual que una copa de fino cristal que se ha roto, a pesar de que pueda ser reparada, siempre tendrá una clara huella del daño que sufrió; reconciliarnos implica llegar al acuerdo de volver a beber juntos, pero en una copa nueva.

Cuando afirmamos: «*Las cosas no pueden ser como antes*», estamos diciendo la verdad; podemos llegar a perdonar previamente a una reconciliación, pero no debemos seguir adelante sin haber realizado un diálogo que en verdad renueve las relaciones.

Quitémonos de la mente la ilusión de que el perdón hace que las relaciones puedan volver a ser lo que eran antes, como si nada hubiera sucedido, eso es tan sólo un mito que puede convertirse en capricho. Perdonar y reconciliarnos pueden restablecerlas, pero no llegarán a recrearlas tal y como eran antes. En una reconciliación debemos ser realistas para aceptar que ante el dolor y el daño, las relaciones o cambian o terminan porque la vida únicamente puede renovarse cuando esa historia deja de repetirse.

Debemos reafirmar y tener siempre muy claro que reconciliarnos no quiere decir «perdona y olvida», ni pretender que todo está bien. Reconciliarse es perdonar y moverse hacia adelante, aprendiendo de los errores del pasado y aprovechando la energía del reencuentro, cuando ambas partes lo desean, para crear un futuro enteramente nuevo.

Ante la posibilidad de reconciliarnos podríamos preguntarnos: ¿Qué papel juega que nuestro ofensor nos pida perdón y reconozca las ofensas que nos ha infringido? Desde la experimentación y validación clínica, donde se ha medido la influencia del impacto que tiene pedir perdón, se ha logrado demostrar que reconocer abiertamente el error, asumiendo la responsabilidad, hablándolo de una forma franca y directa y pidiendo ser perdonado, hace que el camino se facilite y que el perdón pueda ser posible.

Es obvio que cuando alguien reconoce espontáneamente el daño que causó, tendrá una mayor influencia para que se le perdone que cuando una confesión o reconocimiento se hace después de haber sido acusado.

Pero ¿qué sucede cuando alguien no nos pide perdón? Esto puede llegar a provocar una mayor rabia porque nos hace pensar y sentir que nuestro agresor cree que no ha cometido ninguna ofensa que requiera del perdón. Una situación así nos obliga a tener prudencia para que en vez de reconciliarnos, procuremos un acercamiento en donde podamos exponer lo que ha sido para nosotros la experiencia y los sentimientos que se han visto afectados.

Cuando a una persona verdaderamente le interesa una relación, aunque sienta que no ha cometido una ofensa, darse cuenta de que la otra persona se ha sentido ofendida, siempre va a provocar que podamos expresar: «*De verdad lo siento, realmente no me percaté de cómo te podrías sentir, pero al darme cuenta de tu dolor por supuesto que te pido que me perdones y agradezco tu comprensión*».

Tal vez con frecuencia las personas expresan su arrepentimiento de manera implícita, modificando algún comportamiento, pero sin expresar cómo se sienten respecto a sus propios actos y, sobre todo, al dolor que siente la otra persona. Esto significa que no clarifican los errores que se han cometido y que han causado problemas. En ocasiones, y a pesar de algún cambio en la conducta por parte del ofensor, se sigue actuando como si nada hubiera ocurrido o como si la transgresión hubiera sido tan pequeña que no tuvo ninguna consecuencia.

Cuando el arrepentimiento se toma de manera implícita no hay comunicación y las víctimas, simplemente, perdonan continuando la relación y ocultando su propio malestar y sentir respecto a la ofensa.

También debemos considerar que las expresiones de arrepentimiento pueden variar desde lo muy explícito, cuando alguien expresa cuánto se lamenta por el dolor que ha causado y cuestiona cómo puede reparar el daño, hasta las formas meramente implícitas que pueden incluir una conducta más afectiva, como ser detallista o el consabido envío de flores.

Con frecuencia lo que pensamos respecto al perdón se confunde con lo que es la reconciliación, y no saber distinguirlos puede llevarnos a mucha confusión y mayores conflictos.

¿Qué podemos hacer cuando quien nos ha ofendido no solicita nuestro perdón? Puede ser que el ofensor desee continuar con la relación, sin embargo no es capaz de pedir que se le perdone. En una situación así nosotros siempre estaremos en total libertad de terminar la relación si así lo deseamos, por lo menos hasta que esa persona exprese tener conciencia del daño o dolor que nos causó. Pero en cualquier caso sólo existen dos opciones: perdonar y terminar con la relación o dialogar, perdonar y renovar el compromiso.

Recuerda que el perdón no nos exige reconciliarnos; podemos llegar a perdonar y también decidir que no deseamos continuar relacionados con esa persona: siempre tenemos el derecho de elegir a nuestros amigos. Sin embargo, cuando el ofensor es un familiar con quien se convive, tendremos que hacer nuestro mejor esfuerzo por tratar de subsanar la relación a través del diálogo, procurando hacerle ver la necesidad de un cambio en la dinámica de la relación misma. Habrá ocasiones en que, a pesar de la cercanía familiar, esto no sea posible y la situación se convierta en algo insostenible, por lo cual nos tendríamos que plantear perdonar, pero a la vez distanciarnos.

El perdón, como hemos dicho, no significa olvidar la ofensa, por tanto, existirán ciertos recuerdos muy dolorosos que, en ocasiones, no nos permitirán, realmente, mantener una relación cercana. Sin embargo, perdonar siempre nos exigirá actuar con cordura y respeto aun ante aquellos que no se han comportado de forma adecuada con nosotros.

Por todo esto debemos tener muy claro que perdonar puede ocurrir independientemente de la reconciliación. Las expresiones de arrepentimiento como de perdón pueden fomentar y favorecer el reencuentro, pero no pueden ser consideradas nunca como equivalentes.

Reconciliarnos requiere restaurar la confianza, la voluntad y el deseo para mantener el contacto. Habrá casos en que el ofensor pida que se le perdone, pero no desee continuar con la relación, al igual que puede suceder con quien perdona.

La reconciliación entre las personas que han tenido una diferencia o un problema significativo sólo debe considerarse cuando es posible, prudente y, sobre todo, seguro para las personas involucradas.

Perdonar es un proceso que ocurre en nuestro interior, la reconciliación es un evento que ocurre en el exterior. El perdón se da o se recibe, mientras que la reconciliación es algo que debe ganarse a través de un comportamiento que favorezca la confianza.

Para lograr una reconciliación efectiva y duradera, tendrá que contemplarse como un proceso interpersonal que deberá involucrar arrepentimiento por parte del ofensor y el perdón por parte del ofendido.

Es muy importante reconocer que la reconciliación requiere de dos personas. Ambas deben reconocer el daño, las consecuencias y el dolor; quien lo causó debe sentir y comunicar su arrepentimiento, dando, a la vez, muestras de reparación; quien ha sido víctima debe elegir arriesgarse a confiar de nuevo.

El remordimiento y la reparación, que son puertas hacia la reconciliación, a menudo sólo se abren si la persona lastimada está dispuesta a comunicarse. Siendo realistas, siempre debemos considerar que habrá ocasiones en que un ofensor no se dé honestamente cuenta de que ha cometido una ofensa, en otros momentos, añejos resentimientos pueden cegarlo respecto a cuán importante la víctima es para él o ella.

¿Qué hacer cuando las palabras no son efectivas o cuando «no hablamos el mismo idioma»; o bien, cuando aun siendo los ofendidos nos interesa la reconciliación, pero nuestro ofensor no da muestras ni de arrepentimiento ni de reparación? En un caso así nuestra recomendación sería que escribiéramos una carta donde le pudiéramos expresar claramente cómo nos sentimos y nuestro deseo de que tome conciencia respecto a la situación para poder reconciliarnos. Si ante una carta como ésta, que se envía y sabemos que se recibe, no hay respuesta alguna, debemos tener la madurez suficiente para reconocer que la reconciliación no debe siquiera buscarse.

Cuando alguien nos ha lastimado profundamente, en nuestro interior sabemos que la relación no va a volver a estar bien si pretendemos ignorar el dolor y las causas del problema. Si la idea es continuar como si lo que ha acontecido no fuera importante, nos estaremos hundiendo en relaciones narcotizadas en las que, en realidad, ya nada importa.

Es absurdo pensar que podemos reconciliarnos como si nada hubiera sucedido, ignorando lo que se ha vivido desde el momento del rompimiento hasta el momento del reencuentro. Cuanto más prolongado sea ese período será menos probable que la relación pueda retomarse o volver a significar lo que era antes. Es como cuando a través de una herida un pedazo de nuestra piel es cercenado, entre más nos tardemos en procurar sanarlo más improbable será repararlo. Tenemos que ser lo suficientemente honestos para reconocer que en ese tiempo hemos cambiado y que tenemos una nueva perspectiva de la vida y de las personas y que, por lo tanto, a pesar del perdón, la relación no podrá volver a ser la misma.

Para llegar a una buena reconciliación necesitamos penetrar en nuestros propios miedos y dolor, y reconciliarnos con nosotros mismos. Si no lo hacemos, llegará el momento en que el desgarre interior sea tan grande que ya no se admitirá una posible reconciliación.

¿Qué ingredientes psicoemocionales hacen, que más allá del perdón, una reconciliación pueda ser exitosa? Lo primero es siempre recordar que una buena relación es prácticamente equivalente a una buena comunicación. Si una relación vale la pena se debe tener la capacidad de expresar lo que se siente y de escuchar al otro, inclusive también se nos exige tener la apertura para reconocer que en ocasiones, somos nosotros los que podemos estar en un error.

Para mantener una comunicación abierta no debemos permitir que el resentimiento se apodere de nosotros, lo que nos puede llevar a un egocentrismo que nos ciegue ante la realidad de que todos tenemos nuestras propias historias de dolor y nuestras expectativas de cómo otros deben tratarnos.

Tener una buena relación significa que los problemas se discuten. Si realmente vale la pena permanecer relacionados debemos dialogar la problemática y estar siempre dispuestos a escuchar lo que el otro tiene que decir.

Una buena reconciliación requiere de una auténtica y sentida participación de ambas partes. Más allá del perdón, la reconciliación debe estar condicionada a que la relación se corrija y cambie.

Si hemos decidido renovar la relación ¿cómo es que podemos realizar una reconciliación que sea efectiva y duradera? Hay quienes se reconcilian para volver a estar en la misma situación dolorosa que

vivieron hace quince días o seis meses. La diferencia entre una reconciliación que sí funciona y las que simplemente se convierten en
ciclos de perdón, reconciliación y nuevamente dolor, depende de
que ambas partes sepan dar, en gran parte, los siguientes pasos:

1. Ten paz en ti mismo y claridad en cuanto a lo que quieres.
2. Pregúntate si las personas con quienes te vas a reconciliar
   han cambiado.
3. Establece con sinceridad los límites sanos.
4. Renuncia a tu necesidad de controlar a los demás.
5. Sé realista en tus expectativas.
6. Mantente dispuesto a negociar.
7. Considera si un profesional debe intervenir.
8. Visualiza el resultado y ora con fe.

Ten paz en ti mismo y claridad en cuanto a lo que quieres

La reconciliación nos exige, primero que todo, que mantengamos
nuestra propia paz interior, la cual nos conducirá a un diálogo sereno para que tengamos claridad respecto a lo que deseamos de esa
relación; recordemos que la calidad de nuestro contacto con los demás en el exterior siempre habrá de depender de la calidad de contacto con nuestro propio interior.

Antes de iniciar el diálogo con tu ofensor asegúrate de tener
bien claro, en tu mente y en tu corazón, lo que en realidad deseas de
esa relación; necesitarás reconocer y expresar todo lo que tú puedes
dar y también todo lo que esperas recibir.

Para reestablecer una relación que recobre la alegría debemos ser por completo honestos en ese diálogo que clarificará nuestras verdaderas necesidades, admitiendo que el «contrato» exige una renovación y no simplemente ser continuado. Para lograrlo, las personas que nos han lastimado deberán ser conscientes de la realidad del papel que han desempeñado en nuestros sentimientos de dolor.

Pregúntate si las personas con quienes te vas a reconciliar han cambiado

Para que una reconciliación de verdad funcione se requiere de una honesta y sentida participación de ambas partes, ya que reconciliarse exige que la relación se corrija y cambie. Esto no significa que no podamos otorgar nuestro perdón a quien nos ha ofendido, aunque esa persona no cambie su conducta, pero sí significa que no debemos pretender continuar con la relación a través de una reconciliación que realmente no funcionará.

La reconciliación nunca será ni más sana ni más íntegra que las personas que están involucradas en ella; reconciliarse tiene que ver con la confianza al esperar que la otra persona se comporte de una forma diferente. La confianza sólo puede restablecerse cuando la expectativa que hemos depositado en la otra persona y su comportamiento, se correspondan durante un período lo suficientemente extenso para que se cree y se sostenga esa confianza en la seguridad de que las expectativas podrán cumplirse.

Si la conducta de nuestro ofensor nos da señales claras de no haberse modificado y de que no hay disposición de cumplir con el «contrato», entonces confiar en él/ella no es lo apropiado. La confianza perdida sólo puede recuperarse a través de los hechos.

Muchas veces somos nosotros los únicos que hemos cambiado a pesar de haber vivido una situación de abuso y dolor. Si nuestro ofensor no ha dado ni las mínimas muestras de cambio, la reconciliación no debe siquiera buscarse. ¿Para qué buscas reconciliarte con un hombre que en sus borracheras te ha golpeado, cuando sigue bebiendo? ¿Para qué te reconcilias con una mujer que te ha engañado y te sigue mintiendo?

Establece con sinceridad los límites sanos

Al reconciliarnos debemos evitar la hipersensibilidad o la intolerancia, pero siempre establecer con absoluta sinceridad y lo más claramente posible los límites respetuosos que se requieren para vivir el afecto con espontaneidad y honestidad.

No establecer límites es casi equivalente a pretender olvidar lo que ha sucedido. Schopenhauer tenía toda la razón al decir: «*Perdonar y olvidar significa tirar valiosas experiencias por la ventana*».

Si en realidad olvidáramos, el perdón no tendría razón de existir, ya que no habría necesidad de hacerlo presente. Inclusive, podemos casi afirmar que la necesidad de perdonar es consecuencia de la aparente imposibilidad que tenemos de olvidar el daño que nos han hecho, del cual el recuerdo persistirá, aunque hayamos perdonado, y a pesar de que su impacto se perderá y se convertirá, como hemos dicho en el capítulo 3, en una experiencia que podremos relatar con serenidad y sin que se despierte en nosotros ningún sentimiento desagradable. Perdonar sana nuestras heridas, en ningún momento niega que existieran.

¿Sabes dónde «pintar tu raya» para ser capaz de decir: «*Si cruzo esta línea y sigo permitiendo tu conducta errónea, para ser aceptado por ti, entonces ni tú ni la reconciliación valen la pena»?* Tener esa claridad es lo que se requiere para establecer límites sanos y podernos expresar con asertividad será de vital importancia.

En este paso debemos preguntarnos: *¿Cuántas veces en mi vida he dilapidado mi integridad renunciando a mi necesidad y derecho de respeto? ¿Qué tan frecuentemente he estado dispuesto a ceder con tal de continuar con una relación? ¿Me he convertido en persona sometida al abuso con tal de no confrontar la realidad de un cambio que debo hacer?*

Sin darnos cuenta al no establecer con sinceridad los límites sanos y continuar con relaciones abusivas, empezamos a «prostituirnos» para ser aceptados y cuanto más nos prostituimos más se nos habrá de rechazar y maltratar.

Saber respetar los límites es indispensable para que exista una verdadera reconciliación con nosotros mismos y una duradera reconciliación con los demás.

Renuncia a tu necesidad de controlar a los demás

Si consideramos a la reconciliación como un proceso de diálogo y transacción esto conlleva una relación abierta respecto a lo que para nosotros significa perdonar y también un espacio para que nuestro ofensor se dé cuenta de su propio comportamiento y pueda, a la vez, exponer sus necesidades.

Al haber apertura en nuestra intercomunicación siempre se puede aceptar o rechazar lo que se nos dice y ese espacio debe estar abierto para ambas partes; es por ello que debemos abandonar esa compulsiva necesidad que a veces tenemos de controlar a otras personas. Ese afán de tener siempre «la sartén por el mango» nos aleja de una actitud sana donde haya espacio para el otro y mayor seguridad para nosotros mismos.

En ocasiones nos tenemos que preguntar: *¿Sólo existe para nuestro ofensor la alternativa de hacer las cosas a mi manera, y si no lo hace la reconciliación es imposible?* Pensarlo o sentirlo así es un absurdo que nos llevaría únicamente a nunca poder reconciliarnos con nadie.

En un auténtico diálogo siempre tiene que haber espacio para el otro y un especial lugar para el tacto. Lastimar a las personas en nombre de la honestidad no es bueno, es una manera encubierta de venganza; por ello reflexiona en cuál sería la forma más amable y menos abusiva en que puedas expresar tu verdad y tus necesidades.

A veces, al reconciliarnos, «apretamos tanto las tuercas» que parece que queremos asfixiar al otro y, así como no debemos negar lo que sentimos, debemos también considerar lo que el otro siente. Si verdaderamente perdonamos y buscamos una real y efectiva reconciliación, tenemos que procurar recobrar la confianza y esto conlleva renunciar a ese afán de controlar en todo a la otra persona, lo que sólo quitará a la relación el aire necesario para respirar, quedando todos ahogados.

Sé realista en tus expectativas

Ser realistas en cuanto a lo que esperamos implica no buscar o exigir la perfección, sino el esfuerzo por mejorar. Ser perfectos o encontrarnos en el camino de progresar son cosas muy diferentes. En este paso, y de antemano, debemos preguntarnos si sentimos una imperiosa necesidad de exigirle perfección a la otra persona, si descubrimos que así es, estamos ya saboteando los resultados, puesto que estamos exigiendo lo que nadie puede ser, perfecto.

No podemos pretender que «el sapo se convierta en príncipe». Nuestras expectativas fuera de la realidad lo único que provocarán serán mayores conflictos llevándonos a reconciliaciones que nunca van a funcionar. Lo verdaderamente importante es aceptar los cambios de conducta progresivos como el mejor camino para seguir adelante.

Cuando realmente amas a una persona que resultó ser sapo, solamente hay dos alternativas: o aprendes amar al sapo o lo dejas, no puedes estar esperando a que se convierta en príncipe, no sucederá jamás

Por otra parte, recuerda que los seres humanos siempre podemos cambiar, pero eso no se logra de un día para otro, requiere de tiempo y, por lo tanto, de ser realistas en cuanto a lo que estamos esperando.

Mantente dispuesto a negociar

La honestidad que una reconciliación requiere nos exige preguntarnos si consideramos que para llegar a la reconciliación la única alternativa que existe es que las cosas se hagan a nuestra manera. Eso sería un total absurdo.

Más allá de cualquier ofensa sufrida, si nuestro perdón es auténtico y la búsqueda de la reconciliación sincera, tenemos que estar dispuestos a escuchar al otro y a llegar a acuerdos en nuestro nuevo «contrato» en donde también se expresen y reconozcan las necesidades del otro. Esto implica, por nuestra parte, una actitud, como se dice hoy en día, de ganar-ganar, lo que significa que estamos dispuestos a obtener y también a ceder.

Entre los expertos de la negociación se suele decir: «*Que si estás dispuesto a ceder en un cincuenta por ciento podrás ganar en un cien por ciento*», lo que significa que si escuchamos y reconocemos las necesidades del otro, a la vez reconociendo y exigiendo respeto para las nuestras, ambas partes podremos llegar a sentirnos satisfechas y dispuestas a respetar los acuerdos. También debemos tener claridad, que aun dentro de una negociación siempre podrán haber límites no negociables.

Un ejemplo de lo que este paso significa sería, en el caso de una infidelidad, poner límites claros respecto a que no se deben repetir ni fomentar espacios donde esa situación pudiera repetirse, eso no quiere decir que nos convirtamos en espías constantes de cada movimiento que el otro hace y lo volvamos un esclavo de nuestros caprichos sin libertad de tener espacios propios. Estar dispuestos a negociar exige que derrumbemos nuestra soberbia y reconozcamos con amor la humanidad del otro.

Considera si un profesional debe intervenir

Habrá ocasiones en donde el diálogo parece no ser posible, las dos partes tienen una visión muy personal y cerrada del porqué los hechos sucedieron como sucedieron. Esta cerrazón puede hacer que sea indispensable la intervención de un profesional para conciliar las diferencias y poder llegar a un acuerdo aceptable que haga posible una reconciliación duradera, una intervención en la que ambos deben participar.

Ese profesional debe ser imparcial, igualmente distante o significativo para las dos partes. Y en el caso de ser persona religiosa debemos de cuidar que no nos imponga aceptar lo inaceptable en nombre del perdón.

Si una de las partes se niega a buscar esta ayuda, a pesar de que el diálogo se ha estancado o tornado imposible, debemos cuestionarnos seriamente si la reconciliación vale la pena y debemos seguir buscándola.

Visualiza el resultado y ora con fe

Si no lo puedes concebir no lo puedes conseguir; por ello cuando realmente deseamos que algo se convierta en realidad siempre debemos empezar por crearlo en nuestra mente y eso sólo se logra a través de visualizar el resultado que anhelamos alcanzar.

Al visualizar nuestro objetivo o meta debemos procurar crear en nosotros el sentimiento de haberlo obtenido y desde ahí orar al buen Dios, que siempre nos sostiene, con inmensa gratitud por ese resultado y por la sabiduría que Él mismo nos ha dado para tener fortaleza y paz interior.

Bien nos decía Cristo mismo: «*Todo cuanto pidáis en la oración, creed que ya lo habéis recibido y lo obtendréis*».* Nuestra gratitud ante esta sabiduría hará crecer en nuestro corazón la gracia del perdón y la serena fortaleza para una duradera reconciliación.

Es muy importante que en todo este proceso de reconciliación tengas claro cuáles son tus sinceros motivos para buscarla y procurar, si lo consideras necesario, una red de apoyo que te acompañe durante el mismo proceso.

Reconciliarnos no es algo que hacemos para quedar bien con la

* Marcos 11,24, Biblia de Jerusalén en letra Grande, Editorial Desclée De Brouwer, S. A., 1999.

gente; no significa ocultar nuestros sentimientos y pensamientos para desesperadamente tratar de volvernos a conectar con el otro, eso no funciona y sólo creará mayor rabia y dolor. La reconciliación es una realidad más profunda que nos exige confrontar lo que ha sido inadecuado en el pasado y por ello requiere que hablemos con claridad respecto a cómo nos sentimos, a lo que hemos perdido y a lo que necesitamos.

La recompensa de una sana y duradera reconciliación es maravillosa, pero el camino requiere de esfuerzo y lo importante será saber que hemos hecho todo lo posible por reconciliarnos porque aun si los otros no han sido capaces de responder de una manera sana, la ganancia del sincero intento ya es nuestra.

Siempre recuerda que podemos ser muy capaces de perdonar lo que nos ha sucedido, aunque no nos sintamos ni capaces ni seguros de renovar una relación. La reconciliación siempre será deseable, pero no es esencial para el perdón. Si al haber sido ofendidos sentimos que nuestro ofensor tiene serias deficiencias en su carácter y no está en el mejor interés de ambos reconectarnos, nunca existirá la obligación de hacerlo. En muchas ocasiones es mejor para nuestra salud y para nuestro equilibrio personal no continuar con una relación que tiene características sumamente tóxicas y destructivas.

Reconciliarnos implica la voluntad de unirnos para trabajar en nuestra relación, para disfrutar con alegría y para poder vivir en una atmósfera de confianza, la cual podrá restaurarse a través de comportamientos mutuos que la vayan creando en un camino que renueve la vida, no solamente las relaciones.

Aun cuando no te sientas todavía preparado para entrar en contacto directo con quien te ha ofendido, procura actuar siempre con serenidad y evitar los comentarios negativos respecto a tu ofensor. Recuerda que cualquier cambio en tu propia conducta puede ser el primer paso hacia un cambio en tu forma de pensar y sentir que te acerque a un diálogo para una buena y efectiva reconciliación.

Terminar con una relación no debe generar en nosotros culpabilidad. Nada es para siempre, habrá personas que son las idóneas para una etapa de nuestra vida, pero dejan de serlo en otras, así como nosotros también dejamos de serlo para ellas.

Reconciliarse significa comprometerse a respetar los nuevos acuerdos que renuevan una relación o que modifican algunas de nuestras expectativas. La recompensa de una sana reconciliación es enorme como también lo es la libertad para terminar con relaciones que no deben seguir existiendo en nuestras vidas.

EJERCICIO DE REFLEXIÓN

Hagamos un alto para reflexionar sobre lo que la reconciliación puede significar para nosotros y por qué decidirnos a realizarla. Te recomiendo que te relajes y, con la mayor honestidad posible, respondas las siguientes preguntas. Contestarlas te ayudará a clarificar tus necesidades, así como tus sentimientos y las nuevas «cláusulas o límites del contrato» que pretende renovar una relación.

¿Qué metas tengo para mi futuro?

_____

_____

_____

¿Qué sueños anhelo realizar?

_____

_____

_____

¿Qué aprendizaje he obtenido y que ofensas no debo volver a permitir?

_____

_____

_____

¿Qué límites debo dejar claros para renovar una relación que ha sido lastimada?

_____

_____

_____

Si deseas reconciliarte anota lo que específicamente deseas lograr.

_____

_____

_____

¿Con quién o quiénes te gustaría reconciliarte?

_____

_____

_____

Si te imaginas diciéndole a quien te ofendió, por qué te sientes ofendido y qué sentimientos tienes al respecto, ¿qué le dirías?

_____

_____

_____

¿Busco compulsivamente reparar una relación, a pesar de las circunstancias o de mis propios sentimientos?

_____

_____

_____

¿Realmente es sano reconciliarme cuando mi ofensor ni siquiera reconoce lo que hizo?

_____

_____

_____

¿Hasta dónde considero que es necesario que mi ofensor me pida perdón para poder reconciliarnos? Cualquiera que sea tu sentir, es válido, pero se requiere que seas consciente de ello.

_____

_____

_____

¿Invento excusas para justificar al ofensor?

_____

_____

_____

¿Existen posibilidades de una buena comunicación para reconciliarme con la persona que me ofendió? Si no las hay, ¿valdrá la pena el
esfuerzo de renovar la relación?

_____

_____

_____

¿Cuáles son mis sentimientos y necesidades en relación a la persona
que me ha lastimado?

_____

_____

_____

La persona que me ofendió ¿realmente ha cambiado en algo su conducta?, si no, ¿para qué deseo reconciliarme?

_____

_____

_____

¿Reprimo o inclusive llego a negar que se me haya ofendido?

_____

_____

_____

¿Cuántas veces en mi vida he delapidado mi integridad renunciando a mi necesidad y derecho de respeto?

_____

_____

_____

¿Carezco de asertividad para exponer mis necesidades, expresar lo que deseo y rechazar lo que no me gusta?

_____

_____

_____

¿Qué tan frecuentemente he estado dispuesto a ceder con tal de continuar con una relación? ¿Ayudó en algo a corregir el problema o se volvió a presentar con el tiempo?

_____

_____

_____

¿Me he convertido en una persona sometida al abuso con tal de no confrontar la realidad de un cambio que debo hacer?

_____

_____

_____

¿Suelo perdonar sin procurar el diálogo y sin que mi ofensor tenga conciencia de su responsabilidad?

_____

_____

_____

¿Sólo existe una manera de arreglar la situación, la mía?

_____

_____

_____

¿Le estoy «pidiendo peras al olmo», esperando que las personas sean totalmente diferentes a lo que son?

_____

_____

_____

¿Hasta dónde estoy dispuesto a negociar para llegar a una reconciliación y tomar en cuenta las necesidades de la otra persona?

_____

_____

_____

¿El perdón superficial que he practicado en otras ocasiones ha resuelto los conflictos a largo plazo?

_____

_____

_____

Te sugiero practicar el siguiente ejercicio, si te es posible, dos veces al día.

En una posición cómoda, cierra tus ojos y fija tu atención en tu respiración, en el entrar y salir del aire. Imagina como al inhalar, así como llevas oxígeno a tus células inhalas también serenidad para tu mente, y como al exhalar, así como tu cuerpo se libera de toxinas, también en ese aire que sale te liberas del dolor, del resentimiento de las presiones y de toda tensión.

Trae a tu mente la imagen de una escena llena de belleza y paz, una imagen plena de sentimientos positivos y siente la fuerza de esos sentimientos que te llenan de luz y de fortaleza, llenándote de serenidad y seguridad.

Con estos sentimientos, imagina, visualiza, crea una imagen del resultado que deseas alcanzar al reconciliarte y crea en ti los sentimientos que acompañen a esa imagen.

Con la certeza de que la sabiduría divina conoce lo mejor para ti, ora con gratitud, de acuerdo a tus creencias, porque así como lo visualizas así sea.

Conclusiones

Perdonar siempre

«Sin perdón no hay futuro.»

ARZOBISPO DESMOND TUTU

Los grandes sabios de la historia, a lo largo de los siglos, nos han afirmado que el viaje más largo, y con mucha diferencia en relación a otros, es el que nos lleva de la cabeza al corazón. Creemos que el perdón es uno de los atajos que existen y que, por tanto, siempre está presente en toda vida próspera y feliz.

Saber perdonar es algo que en definitiva mejora nuestras vidas, ayuda a que sanemos tanto física como emocionalmente y nos lleva a la paz interior, a la libertad y a la esperanza. Para perdonar no necesitamos un cerebro brillante que todo lo entienda, sino un gran corazón que comprenda y una alma virtuosa que esté siempre orientada hacia el amor.

El motivo más obvio para perdonar es liberarnos de los efectos destructivos de la culpabilidad, la rabia y el rencor crónicos; por ello no es un regalo que damos a los demás, sino algo que nos damos a nosotros mismos. Al perdonar, la pregunta no es si otros merecen o no ser perdonados, sino si nosotros merecemos una mejor y más feliz calidad de vida.

Siempre resultará tentador decir: *«Es que mi caso es excepcional»*, tratando de racionalizar lo más posible para justificar que nos rehusemos a perdonar. Sólo nosotros podemos decidir hacer el esfuerzo, pero lo que resulta indispensable comprender es que si nos quedamos atascados en el odio y el rencor, tan justificados como sintamos que puedan ser, estamos atascados. Debemos saber dejar ir la culpabilidad y el resentimiento para movernos hacia delante con esperanza.

La vida siempre nos dará experiencias tanto positivas como desagradables, no sería realista esperar que todo siempre sea bueno. Aun dentro de una psicología positiva y optimista debemos reconocer que habrá momentos dolorosos y que esas experiencias se pueden perdonar.

Saber conducir nuestra vida es un reto y debemos procurar ser héroes de nuestras historias, capaces de sobreponernos a ellas para no permanecer como víctimas. Cada experiencia de dolor reta nuestra determinación de vivir con plenitud, tan amorosamente como nos sea posible.

Si reconocemos cuánto nos duele que alguien no desee perdonarnos, cuando nosotros nos hemos equivocado, debemos proponernos no lastimar a otros de la misma manera, perdonando y dejando ir. La vida siempre ofrece oportunidades maravillosas y las podemos perder si quedamos atrapados en el recuerdo de heridas pasadas.

Siempre es bueno recordar que las desilusiones, las heridas y el dolor pueden ocurrir alguna vez en todo tipo de relaciones: en parejas que han convivido establemente durante mucho tiempo, en familias que en realidad se aman, entre buenos amigos, etc. Cada relación tiene fortalezas y debilidades, de la misma manera en que cada uno de nosotros, como individuos, las tiene, y por ser esto verdad todas las relaciones nos dan la oportunidad ilimitada para practicar el perdón, para prevenir que los conflictos crezcan y nos lleguen a dañar mucho más profundamente.

Lo que es pasado ya pasó. Es probable que en ese pasado no hayamos tenido la sabiduría para no lastimar a alguien querido, ni el poder para impedir que nos lastimaran, pero en nuestro aquí y ahora sí los tenemos a través del aprendizaje, la comprensión y el perdón. Sólo de nosotros depende continuar viviendo como esclavos de nuestras viejas culpabilidades y resentimientos o liberarnos para darle plenitud a la vida.

Si de verdad queremos tener esperanza para nosotros mismos y nuestra sociedad, tendremos que empezar por «reciclar» el espíritu humano. Este proceso sólo podrá iniciarse cuando renunciemos a nuestro egoísmo, a nuestra parálisis por culpabilidad o vergüenza y a nuestros anhelos de venganza. Únicamente el amor y el perdón serán capaces de ayudarnos a lograrlo.

El perdón es tan necesario en la familia como en todos los ámbitos sociales. Dejarnos llevar por el rencor y la venganza nos enferma, y la violencia nunca es estéril, siempre suscita nuevas tormentas y, por lo tanto, engendra más violencia. Puesto que nunca se detiene por sí misma, sólo nosotros podemos impedir que continúe con el alud que eventualmente nos dejará enterrados a nosotros mismos.

Hay quienes se han convertido en esclavos de sus heridas y del dolor que han padecido, prisioneros de una cárcel que ellos mismos han construido y esa es, tal vez, la mayor de las injusticias, mucho peor de la que alguien les hizo padecer. Como bien lo decía un sobreviviente de los campos de exterminio y horror de los nazis, que había decidido perdonar, a otro sobreviviente que se aferraba a no hacerlo: «*Entonces sigues siendo su prisionero*».

El perdón es un proceso de vida. Sin importar cuánto lo practiquemos siempre habrá personas que nos lastimen y perturben nuestro concepto de justicia. Lo importante es que aprendamos de las situaciones, y aunque las relaciones lleguen a cambiar, eso no debe significar que no sigamos practicando el perdón. Aunque lo que sí debe significar es que también debemos protegernos para que lo mismo no nos vuelva a suceder.

El acto de perdonar es lo único que nos capacita para abrir nuevos horizontes hacia el futuro, puesto que nos permite cambiar las películas de nuestra mente para dejar de revivir una y otra vez las imágenes dolorosas de nuestro pasado que, a la vez, nos impiden ver todo lo bueno que ahora sí tenemos.

Sin lugar a dudas, para lograrlo, la humildad siempre habrá de constituir una virtud indispensable en todo lo que hacemos y sobre todo en saber perdonar, puesto que se requerirá de ella para nuestro propio arrepentimiento y para perdonar al otro. Esto se debe a que la «perdonabilidad» es un elemento fundamental de nuestra inteligencia espiritual y, para desarrollarla, tendremos siempre que trabajar en virtudes como la humildad y la gratitud.

La humildad siempre será nuestra mejor aliada, ya que es el cimiento de todas las grandes virtudes. En muchas ocasiones nuestro resentimiento es el resultado de haber olvidado que nuestro control sobre la vida y sus circunstancias es limitado. Rehusarnos a aceptar esta realidad nos produce inmenso dolor y será solamente la humildad la que pueda liberarnos.

El perdón es parte de una orientación hacia el mundo en la cual nos concebimos como lo que realmente somos: finitos, limitados y viviendo en relaciones que nunca serán totalmente perfectas, ya que las otras personas serán siempre tan limitadas como nosotros.

Perdonar nos permite cerrar aquellos ciclos de nuestra vida que pertenecen al pasado, pero que quedaron abiertos y ya no deberían de tener influencia en nuestro presente. Los ciclos que no han sido concluidos se reconocen porque generan sentimientos no resueltos y, por lo general, negativos hacia otras personas. En la resolución de estos ciclos que no han cerrado, la psicoterapia considera que el perdón es altamente significativo para poder darles un fin saludable.

También es importante recordar que no todos los eventos negativos en nuestra vida por necesidad requieren del perdón, sólo aquellos que significativamente han irrumpido con dolor en nuestras creencias sobre las personas y nuestras relaciones.

El perdón no es un absoluto de todo o nada. De hecho, cada vez que perdonamos nuestros niveles de enojo y rabia se van modificando. Esto significa que existen diferentes niveles o grados de perdón, desde los más triviales hasta los más completos e insondables. La motivación para perdonar desde lo superfluo a lo profundo debe ser nuestra necesidad de responder con virtud y conciencia hacia nosotros mismos y hacia los demás para alcanzar la paz y la libertad.

Una genuina expresión de virtud evita siempre los extremos. Una persona que perdona no transita pasivamente ante tener que dejar ir su resentimiento, el cual puede ser muy intenso, pero tampoco se resigna a vivir con una persona que abusa de ella al costo que sea en nombre del perdón, un extremo que va más allá de una práctica virtuosa.

También debemos recordar en nuestro perdonar que habrá ocasiones en que el ofensor nunca se acercará a pedir perdón, y a pesar de que algunos podemos pensar que si no lo hace no se justificaría perdonarlo, lo importante es darnos cuenta que perdonar es prioritario, puesto que es una elección personal de alguien que busca estar mejor consigo mismo.

Si nos quedamos atrapados pensando que para perdonar es indispensable que nuestro ofensor nos pida perdón sufriremos más y nos podremos quedar esperando toda la vida. Sin embargo, como hemos apuntado en el último capítulo, cuando una relación se va a renovar, la comunicación es indispensable y si la ofensa ha sido grave será siempre necesario que el ofensor lo reconozca.

Lo más importante de saber perdonar es afirmarnos que dejamos de ser víctimas del pasado para, con serenidad, planificar mejor el curso de nuestra vida. Perdonar es el inicio de un nuevo capítulo y no tan sólo el final de una historia, es una afirmación de que ninguno de nuestros pasados se debe convertir en una sentencia que dicte para siempre el libro de nuestra vida.

Después de una pérdida grave, de una herida profunda y dolorosa, la vida nunca vuelve a ser igual, pero cada uno de nosotros tiene el poder de elegir cómo reaccionar a esos períodos y cómo renovar la vida para mejorarla, dándonos cuenta que siempre nos ofrece nuevas oportunidades para crecer y ser felices.

Debemos ser conscientes de que muchos de nosotros le damos un enorme espacio en nuestra mente y corazón a ese continuo revivir nuestros resentimientos y nuestras heridas, en vez de enfocarnos en la gratitud, en el amor y en el aprecio de todo lo que sí es posible para nosotros. La verdad es que las heridas duelen, pero no tienen por qué incapacitarnos para vivir con plenitud.

Todos nosotros podemos perdonar a quienes nos han lastimado cuando ponemos nuestras heridas en perspectiva y decidimos contar una historia mucho más asertiva, donde el dolor se ha convertido en un reto para crecer y ser felices. No negamos que las heridas pueden restar brillo a nuestra felicidad momentáneamente, pero sólo cuando nos rehusamos a perdonar, a adaptarnos a la vida y a encontrar nuevas metas que nos ayuden a conectarnos con los horizontes de nuestro futuro, que siempre son más amplios de lo que nos pudo haber pasado, que quedamos atrapados en la infelicidad.

Cuando fijamos nuestra atención en nuestras pérdidas estamos recreando tristeza; cuando fijamos nuestra atención en nuestras bendiciones descubrimos nuevas alternativas para ser felices. El hecho es que todos nuestros sentimientos en algún momento cambian y pasan, lo que significa que siempre será posible tener control sobre ellos, ya que están directamente relacionados con cómo pensamos y a lo que le ponemos atención. Cuando nos concentramos en el dolor éste estará siempre presente, cuando lo hacemos en las bondades de la vida podemos crear el sentimiento de felicidad que anhelamos.

Si decidimos dejar de desperdiciar la vida en el malestar que se ha causado por la vergüenza, el dolor o el enojo, y si elegimos reaccionar serenamente cuando las cosas no salen como nosotros hubiéramos querido, esto nos ayudará a perdonarnos a nosotros mismos, a perdonar a otros y a perdonar a la vida misma si es necesario.

A través del proceso del perdón nos alejamos de una vida que gira alrededor del dolor y de la injusticia, y que empieza a procurar una mayor paz, libertad y esperanza para llegar a cristalizar nuestros sueños.

El perdón es la llave de la paz y la puerta de la libertad. Nos ayuda a sanar la tristeza y a restablecer la armonía y el equilibrio en nuestra vida. Perdonar es la habilidad/valor que nos permite dejar en el pasado nuestros errores, nuestras guerras y nuestras esclavitudes para comprometernos con el cambio que nos ayude a crear un mejor futuro. Vivimos en paz cuando sabemos disfrutar de nuestra propia compañía y somos libres cuando dejamos de aferrarnos a relaciones y situaciones que ya han terminado para poder seguir adelante.

Al modificar nuestra actitud mental, canalizar nuestras emociones y entrar en contacto con nuestra espiritualidad, logramos vivir en profunda serenidad sin importar los retos que la vida nos presente. Diversos estudios clínicos han demostrado que nuestra capacidad para perdonar se incrementa conforme alcanzamos una mayor madurez que nos hace comprender que lo importante en la vida no es ganar, sino ser felices y vivir con paz interior.

El perdón es una transformación maravillosa que nos lleva de la rabia a la comprensión, del conflicto a la resolución, del resentimiento a la libertad, de la ansiedad a la paz. Cualquiera que sea la decisión que tomes lo más importante es que te preguntes a ti mismo: *¿Me sentiré bien y en paz conmigo mismo si actúo de esta manera?*

Cuando alguien nos lastima podemos tener la tentación de «pagarle con la misma moneda», pero debemos preguntarnos qué ciclo de dolor y temor habrá de continuar si caemos en la tentación.

¿Acaso no es la paz interior el mayor bien que podemos llegar a tener? Si realmente la deseas el perdón te la ofrece. Al mismo tiempo te brinda serenidad de espíritu, certeza en tus propósitos y una sensación de fortaleza y felicidad. Saber perdonar nos puede proveer de una quietud imperturbable, de una entereza que no puede ser lastimada, de un alivio y seguridad que no pueden ser interrumpidos. Sabemos que hemos perdonado cuando al recordar a quienes nos han lastimado, tenemos la capacidad de desearles el bien y podemos permanecer en paz con nosotros mismos.

Ser felices y alcanzar la paz sólo se logra cuando dejamos de buscar a quién o a qué culpar cada vez que las cosas no marchan bien en nuestra vida; hacerlo no puede aportarnos la felicidad que deseamos, como tampoco lo hará la venganza. Únicamente el perdón puede proporcionarnos lo que buscamos; es por ello que debemos ser los primeros en detener los ciclos de ira, dolor y amargura convirtiéndonos en personas capaces de librar nuestras luchas internas y externas con la victoria de nuestra fortaleza espiritual.

Nuestra constante interrelación con los demás es lo que da un profundo sentido a nuestra vida y nos ayuda a alcanzar una mayor plenitud. Es un hecho que el flujo de nuestras relaciones no puede darse más que en un ámbito de libertad para el cual necesitamos no intoxicar nuestros ambientes con el dolor de experiencias pasadas.

La libertad es la condición fundamental de nuestra humanidad. Ella nos permite ser perfectibles, llegar a cristalizar nuestros propósitos, darnos verdadero sentido y salvaguardar nuestra interacción con los demás y con el buen Dios que nos ha creado libres.

En última instancia, lo que hace posible y da cauce a nuestra libertad es que tenemos la capacidad de responder con trascendencia, de ver más allá de lo que nos parece obvio a simple vista; es por ello que nuestra espiritualidad es indispensable para apuntalar nuestra libertad, que a la vez depende de nuestra capacidad de perdonar.

Nunca somos tan libres como cuando dejamos ir nuestro pasado doloroso, perdonando a quien nos hizo daño. Nadie puede obligarnos a hacerlo, es por entero un acto de nuestra voluntad, y nuestro perdón es libre sólo cuando estamos dispuestos a aceptar que las otras personas siempre podrán decidir qué camino tomar, independientemente de lo que nosotros deseemos.

Es por ello que el perdón también reconoce la libertad que la otra persona tiene para decidir de acuerdo a sus propias opciones. Ser verdaderamente libres conlleva la responsabilidad de nuestro autodominio, ya que no depende de lo que los otros hagan. El testimonio de nuestra libertad se manifiesta a través de nuestra fe, esperanza y amor.

Mucho se ha escrito sobre el amor diciendo que sólo somos capaces de manifestarlo cuando dejamos ir el miedo. Debemos estar conscientes que únicamente el perdón nos libera del temor que está en los cimientos de toda culpabilidad, odio y rencor. No desgastemos nuestra vida peleando batallas del pasado. Tal vez tuvimos toda la razón, pero que esas situaciones dominen nuestras vidas es algo por completo irracional. En la vida hay batallas que deben pelearse y hay otras que tenemos que dejar ir puesto que pueden convertirse en ciclos sin fin, en particular cuando la culpabilidad y el resentimiento están de por medio.

Toda la literatura religiosa del mundo nos dice que el perdón se da dentro del contexto de valores que nos ayudan a distinguir lo que es correcto y lo que no lo es. A la vez nos afirman que el perdón en sí es una virtud que, al liberarnos de la vergüenza y la ira, nos lleva al amor que puede culminar en una verdadera transformación de nuestras vidas.

A pesar de que hayamos cometido errores, lastimado a otros o padecido por la injusticia de quienes nos han lastimado, debemos seguir haciendo el esfuerzo de apreciar todo lo bueno de la vida, comprendiendo que el dolor es una parte normal del vivir y realizando un esfuerzo por aprender de nuestros errores y sanar nuestras heridas. Debemos ser conscientes de que, en ocasiones, reabrimos las heridas en vez de enfocarnos en la gratitud y aprecio de lo bueno que siempre nos rodea.

Como ya hemos visto en capítulos anteriores, las historias que contamos son el medio a través del cual comunicamos no sólo a otras personas, sino también a nosotros mismos una etapa de nuestra vida. Pero nuestras historias dependen de nuestra capacidad de colocar los eventos en perspectiva y de asignarles significado dándole sentido a lo que ocurrió.

Nuestras historias nos ofrecen un amplio abanico de respuestas al dolor que van desde presentar las situaciones como un reto hasta presentarlas como un desastre que nunca se podrá mitigar. Nos olvidamos que la perspectiva y el sentido que le damos a las situaciones dolorosas pueden determinar el efecto que esos eventos tendrán en nuestra vida y por cuánto tiempo nos perjudicarán.

Un aspecto importante del perdón, y que nos ayudará a lograrlo, es siempre establecer nuestras propias metas y objetivos, nuestra intención positiva de salir adelante y de contemplar la realidad con las alternativas que nos ofrece, una realidad que perdemos de vista mientras mantenemos una narrativa de dolor que se recuenta una y otra vez.

Conectarnos con lo que anhelamos y la intención positiva de superar nuestros retos es una de las maneras más rápidas y directas de poder cambiar nuestra narrativa dolorosa, ya que al enfocarnos en lo que viene hacia delante las viejas historias tienden a desaparecer. Nunca perdamos de vista lo bueno que sí hay en la vida, démonos el tiempo para encontrar la belleza y el amor; reenfoquemos nuestras emociones hacia lo positivo, ya que nos ayudará a evitar sentirnos abatidos, heridos o enojados.

Cuando hemos padecido una profunda herida o una pérdida devastadora centrarnos en una nueva historia con intenciones positivas refleja nuestra lucha por integrar esa pérdida y continuar con la vida. Una nueva historia se enfoca en la manifestación de esas nuevas intenciones, haciendo que nuestras heridas salgan del centro del escenario y se conviertan en algo que conformó un capítulo de la historia, pero que nunca podrá determinar la historia misma en su totalidad.

Céntrate en el deseo de tu propio desarrollo y crecimiento personal conforme transitas del aprendizaje de las dificultades hacia la fortaleza. Recuerda, como nos dijo Friedrich Nietzsche: «*Lo que no nos mata, nos fortalece*». Lo crítico en el proceso es desplazar el dolor del centro de nuestra narrativa para contemplar una meta mucho mejor como objetivo de la historia.

La práctica del perdón nos lleva a sembrar, cuidar y hacer crecer un hermoso jardín de nuestra vida donde a pesar de las malas hierbas, de las espinas en la flor, podemos inhalar la frescura de la naturaleza, la sombra del árbol que nos brinda descanso en los momentos de calor y sobre todo la belleza de lo que puede crecer en un jardín que es atendido con amor.

Es muy importante decidirnos por el perdón, no hacerlo tiene un costo demasiado alto en nuestra salud, energía, paz interior y posibilidades futuras, ya que cuando nos negamos a perdonar tendemos a perpetuar los problemas y repetir los patrones.

Seguramente nos aparecerá la pregunta: *¿Cómo perdonar cuando quien nos lastima es indiferente a nuestro dolor, inclusive parece reírse de él y no tiene la intención de pedir que lo perdonemos?* Por supuesto que no es fácil perdonar a quien no asume responsabilidad, a quien parece no arrepentirse de lo que ha hecho. Pero debemos recordar que el perdón no es un favor que le hacemos al otro, sino una liberación para nosotros mismos. Siempre habrá situaciones en que a pesar de nuestro perdón lo mejor será distanciarnos; si no lo hacemos nos exponemos a que nos puedan seguir lastimando y eso nunca será sano, menos aún en nombre del perdón.

Perdonar no sólo debe practicarse en los eventos más dolorosos de la vida; pensar que el perdón sólo se aplica a los actos de abuso, a la traición, falta de lealtad o ingratitud de aquellos a quienes les habíamos brindado ayuda o apoyo, nos limitará en el ejercicio que se requiere para convertirlo en una inteligente actitud habitual de vida.

¿Por qué no decidirnos a perdonar los contratiempos de la vida diaria, los problemas que constantemente tenemos que confrontar, lo que ocurre en nuestro camino cotidiano? Lo que se ha podido demostrar es que perdonar las pequeñas ofensas y contratiempos de la vida diaria es una estupenda práctica para llegar a perdonar los más graves y severos problemas que podamos llegar a enfrentar.

El perdón debe convertirse en un espacio permanente de nuestro corazón, tanto como el amor y la gratitud. Nunca podremos cambiar la manera en que las personas se comportan, pero sí podemos cambiar la manera en que nosotros reaccionamos. Para lograrlo su práctica debe convertirse en un hábito de vida y recuerda que para formar un hábito debemos repetir la acción muchas veces.

El diario vivir nos da oportunidades cotidianas para practicarlo, ya que frecuentemente nos ofendemos hasta por pequeñeces que ocurren con extraños. Preguntémonos: *¿Qué beneficio obtengo al sentirme molesto y agitado?* Todos sabemos que en la mayoría de los casos no obtenemos nada; por ello practicar el perdón en las cosas pequeñas no solamente nos libera de la agitación y el estrés, sino que también nos ayuda a desarrollar la actitud tan necesaria de saber perdonar para poder manejar las situaciones más significativas.

Si con cierta frecuencia nos recordamos que muchas cosas están fuera de nuestro control, podremos evitar mucho estrés y sobrerreaccionar cuando se van sumando.

Ya que perdonar es una virtud que siempre estará relacionada a la bondad, procuremos practicar actos compasivos; hacerlo mejorará nuestra autoestima y contribuirá a que tengamos una mayor cantidad de sentimientos positivos. Adicionalmente, al llegar a casa por la noche, tus propios actos bondadosos te darán una satisfacción en la cual pensar, que estará siempre más allá de los contratiempos que hayas tenido.

Cuando nos probamos a nosotros mismos que podemos sobreponernos a los contratiempos cotidianos y que podemos sobrevivir a situaciones dolorosas, acrecentamos nuestra fortaleza y aprendemos a definir, con mayor claridad, lo que está bien para nosotros y lo que no lo está, lo que es aceptable y llevadero, y a lo que se le tiene que imponer límites.

Perdonar es una habilidad/valor que debemos fortalecer y acrecentar; por ello no pensemos que sólo se aplica a los graves problemas o heridas profundas. Nunca olvidemos que debe ser practicable en cualquier tipo de situación, convirtiéndonos en personas mucho más capaces de perdonar desde lo más pequeño hasta lo más grande.

Saber perdonarnos a nosotros mismos es una práctica imprescindible y poderosa para también perdonar a otros. En la vida todos podemos tomar malas decisiones, cometer errores, actuar con mucha ceguera respecto a las consecuencias de lo que hacemos, por lo tanto, la práctica del autoperdón nos facilitará el camino para perdonar a los demás.

No es el exceso de razones, sino la falta de emociones fértiles y generosas lo que más nos lastima. Nuestro intelecto puede ser brillante, pero un corazón atrofiado nos inhabilita para vivir en plenitud. A través del perdón los espacios de nuestra vida que han sido de gran inseguridad se pueden convertir en espacios para la humildad, la confianza y la interioridad.

Perdonar es lo único que puede devolvernos la esperanza cuando hemos sido traicionados, libera al prisionero en que nos hemos convertido al quedar atrapados en la culpabilidad y los resentimientos. Siempre tendremos la libertad de rehusarnos a perdonar por sentir la necesidad imperiosa de desquitarnos, pero el desquite es el juego de los perdedores, genera mayores frustraciones y nos atrapa en un círculo vicioso que nos dejará siempre con más dolor. El estrés de la lucha que caracteriza nuestros deseos de venganza podemos reemplazarlo por una visión serena y esperanzada que nos dé paz y renueve nuestros deseos de vivir.

Tal vez no nos resulte cómodo pensar que la paz del mundo empieza en y con cada uno de nosotros, en el aquí y el ahora. Pero si podemos perdonar y pedir que se nos perdone en nuestras propias vidas, se nos facilitará resolver todos los conflictos. La fortaleza de la paz siempre vendrá desde y a partir de las personas, puesto que en lo profundo todos compartimos la misma humanidad. Ahí en lo interior todos somos iguales. Para descubrir esa unidad debemos liberarnos de los prejuicios y caminar la ruta de la comprensión y de la tolerancia a partir del perdón que practicamos día con día.

El camino del perdón hace aflorar dolorosos recuerdos y, en ocasiones, requerirá de pausas, no debe haber prisa. Pero cada decisión que tomemos para caminar esa ruta hará que brille un poco más de luz en medio de tanta oscuridad.

Siempre tendremos opciones de perdonar a lo largo de nuestra vida que continuará arrojando sobre nosotros situaciones y personas difíciles. La trampa de la culpabilidad y el rencor siempre estarán ahí, sólo nosotros podemos decidir si quedar atrapados en ella o seguir caminando. La opción siempre será nuestra.

¿Cuántas veces hemos de perdonar? No debe haber siquiera recuento, la respuesta es siempre. Sin embargo, como ya hemos explicado, eso no significa que debemos permanecer en relaciones destructivas o que podemos elegir tomar distancia. La misericordia no significa que ignoremos la justicia, de hecho ni siquiera existiría si no reconocemos que se ha hecho algo injusto. Nuestro corazón debe ser siempre misericordioso y nuestra inteligencia lo suficientemente clara para saber que no hay recompensas ni castigos, sólo consecuencias.

Si no perdonamos nuestro corazón se endurece, quedamos atrapados en el dolor del pasado y permitimos que el odio invada nuestro futuro. Renunciamos al hoy y al mañana que nos pertenecen al quedar prisioneros del ayer.

En nuestro análisis final aprendemos que el perdón significa decir: «*Sí*» a todo lo que fue, es y será, en vez de: «*No debería ser así*». Perdonar nos ayuda a abrirnos a todo lo que la vida nos da, incluyendo lo doloroso, en vez de sólo a lo que nos produce un sentimiento de seguridad o a lo que nos libra del dolor. Es como un salto de fe para adquirir la sabiduría que nos ayude a ver que al final las cosas saldrán bien o simplemente pasarán, tanto si hubiéramos preferido que siguieran el curso que siguieron como si no.

Perdonar tiene el poder de sanar tanto nuestra vida interior como la exterior; puede cambiar el modo en que nos vemos a nosotros mismos y a los demás; cambiar la manera en que experimentamos el mundo; y eliminar de una vez y para siempre los conflictos que arrastramos día a día, asumiendo la responsabilidad de nuestra felicidad.

Tenemos la esperanza de que lo que hemos compartido a través de estas líneas pueda lanzarnos a un proceso que nos ayude a sanar, tanto a nosotros mismos como a nuestras sociedades; a nosotros por esa ruptura que sentimos en nuestro interior y con los demás, por esa amargura que nos lleva a problemas sociales. Ojalá que cada uno de nosotros pueda realizar el maravilloso proceso del perdón en la familia, con los amigos y con su entorno. Perdonar no es solamente necesario para sanar los graves problemas que hoy enfrentamos, es también la forma más segura de hacerlo.

Reflexionar profundamente y practicar lo que en esta lectura hemos compartido nos ayudará a lograr y acrecentar una de las mayo res virtudes para una vida feliz, la virtud de perdonar, una habilidad/ valor que tiene que estar siempre presente, ya que tendremos que confrontar una y otra vez la realidad inevitable de la vida: cometeremos errores, lastimaremos a los demás y también seremos lastimados por otras personas.

Comprender el extraordinario poder que el perdón tiene para tu vida te ayudará a crear una mayor confianza en tu capacidad de manejar las situaciones que se te presenten, sin sentirte perdido en el dolor. Nunca sabremos lo que la vida reserva para nosotros, pero sí sabemos que el perdón nos provee con la fortaleza para renovarla y llegarla a disfrutar más plenamente.

Ninguno de nosotros puede hacer que las personas a nuestro alrededor se comporten de una manera más amable, más justa o más honesta. Lo que sí podemos hacer es perdonar esas faltas que tocan a la puerta de nuestro corazón y enfocar nuestra energía en nuestra intención positiva de salir adelante.

El perdón es, ante todo, una decisión: la de elegir encontrar la paz, la libertad y la esperanza para vivir mucho más plenamente. Podemos elegir permanecer atrapados en el sufrimiento y la frustración del pasado o movernos hacia el potencial de nuestro futuro.

La elección de practicar el perdón está totalmente en tus manos y en tu corazón; más allá del brutal egoísmo y la carencia de sensibilidad y valores, a nuestro alrededor siempre podremos encontrar amor y belleza.

Perdonar significa vivir y amar completamente en el presente, sin las sombras del ayer. Es el camino hacia los demás, hacia el amor, la paz, la libertad y la felicidad pero, sobre todo, es el puente que nos permite cruzar el abismo del dolor, para reconciliarnos con nosotros mismos y transitar hacia la esperanza con el buen Dios que siempre nos acompaña y siempre nos perdona.

Bibliografía

1. Allemand, M., Age differences in forgivingness: The role of future time perspective, *Journal of Research in Personality*, 2008 *(42)* 1137-1147.
2. Besser, A. W., & Zeigler-Hill, V., The influence of pathological narcissism on emotional and motivational responses to negative events: The roles of visibility and concern about humiliation, *Journal of Research in Personality*, 2010 *(44)*, 520-534.
3. Hayashi, A., Abe, N., Ueno, A., A., Shigemune, Y., Mori, E., Tashiro, M., *et al*, Neural correlates of forgiveness for moral transgressions involving deception, *Grain Research*, 2010, *(1332)*, 90-99.
4. Hernandez, D., Larkin, K., & Whited, M., Cardiovascular response to interpersonal provocation and mental arithmetic among high and low hostile young adult males, *Applied Psychophysiology and Biofeedback*, 2009 *(34)* 27-35.
5. Jankowski, P. J., Sandage, S. J., Meditative prayer, hope, adult attachment, and forgiveness: A proposed model, *Psychology of Religion and Spirituality*, 2011l *(3)* 115-131.
6. Lambert, N. M., Fincham, F. D., Stillman, T. F., Graham, S.M., & Beach, S. R. H., Motivating change in relationships. Can prayer increase forgiveness?, *Psychological Science*, 2010, *21 (1)*, 126-132.
7. Lawler-Row, K. A., Karremans, J. C., Scott, C., Edlis-Matityahou, M., & Edwards.L., Forgiveness, physiological reactivity and health: The role of anger, *International Journal of Psychophysiology*, 2008 *(68)* 51-58.
8. Lyons, G. C. B., Deane, F.P., & Kelly, P. J., Forgiveness and purpose in

life as spiritual mechanisms of recovery from substance use disorders, *Addiction Research & Theory*, 2010, *(18)* 528-543.

9. Miller, A. J., Worthington, E. L., Jr., & McDaniel, M. A., Forgiveness and gender: A meta-analytic review and research agenda, *Journal of Social and Clinical Psychology*, 2008 *(27)* 843-876.

10. Orth, U., Berking, M., Walker, N., Meier, L. L., & Znoj, H., Forgiveness and psychological adjustment following interpersonal transgressions: A longitudinal analysis, *Journal of Research in Personality*, 2008 *(42)* 365-385. PDF

11. Schultz, J. M., Tallman, B. A., & E. M., Pathways to posttraumatic growth: The contributions of forgiveness and importance of religion and spirituality, *Psychology of Religion and Spirituality*, 2010 *(2)* 104-114.

12. Tabak, B. A., & McCullough, M. E., Perceived transgressor agreeableness decreases cortisol response and increases forgiveness following recent interpersonal transgressions, *Biological Psychology*, Advance online publication.

13. Toussaint, L. L., Owen, A. D., & Cheadle, A., Forgive to live: Forgiveness, health and longevity, *Journal of Behavioral Medicine*, Advance online publication.

14. Toussaint, L., Williams, D., Musick, M., & Everson-Rose, S., Why forgiveness may protect against depression: Hopelessness as an explanatory mechanism, *Personality and Mental health,* 2008 *(2)* 89-103.

15. Tse, W. S., & Yip, T. H. J., Relationship among dispositional forgiveness of others, interpersonal adjustment and psychological well-being: Implication for interpersonal theory of depression, *Personality and Individual Differences,* 2009 *(46)* 365-368.

16. Van Dyke, C. J., & Elias, M. J., How expressions of forgiveness, purpose, and religiosity relate to emotional intelligence and self-concept in urban fifth-grade students, *American Journal of Orthopsychiatry,* 2008 *(78)* 481-493.

17. Webb, J. R., Toussaint, L., Kalpakjian, C. Z., D. G., Forgiveness and health-related outcomes among people with spinal cord injury, *Disability and Rehabilitation: An International, Multidisciplinary Journal,* 2010, *(32),* 360-366.

18. Webb, J. R., & Trautman, R. P., Forgiveness and alcohol use: Applying a specific spiritual principle to substance abuse problems, *Addictive Disorders & Their Treatment*, 2010 *(9)*, 9-17.

19. Whited, M. C., Wheat, A. L., & Larkin, K. T., The influence of forgiveness and apology on cardiovascular reactivity and recovery in response to mental stress, *Journal of Behavioral Medicine*, 2010 *(33)* 293-304.

20. Wilkowski, B. M., Robinson, M. D., & Troop-Gordon, W., How does cognitive control reduce anger aggression? The role of conflict monitoring and forgiveness processes, *Journal of Personality and Social Psychology*, 2010 *(98)* 830-840.

21. Witvliet, C. V. O., Knoll, R. W., Hinman, N. G., & De Young, P. A., Compassion-focused reappraisal, benefit-focused reappraisal, and rumination after an interpersonal offense: Emotion regulation implications for subjective emotion, linguistic responses, and physiology, *The Journal of Positive Psychology*, 2010 *(5)* 226-242.

22. Wohl, M. J. A., Pychyl, T. A., & Bennett, S. H., I forgive myself, now study: How self-forgiveness for procrastinating can reduce future procrastination, *Personality and Individual Differences*, 2010 *(48)* 803-808.

Página de «forgiveness research»

Mayo Clinic

Forgiveness in health research and medical practice
Worthington EL Jr, van Oyen Witvliet C, Lerner AJ, Scherer M.

Source
Virginia Commonwealth, Richmond 23284-2018, VA, USA
eworth@vcu.edu
Explore (NY), 2005 May; 1(3) 169-76

Health promotion throught forgiveness intervention
Recine AC, Stehle Werner J, Recine L.

Source
Holistic Therapy LLC, Wisconsin, WI 54701, USA
acrecine@aol. Com
J Holist Nurs. 2009 Jun; 27(2) 115-23; quiz 124-6 Epub 2009 Jan 31

Datos de contacto

Para información de los cursos e instructores autorizados del Método Silva en México, Centroamérica y Panamá:

Asociación Latinoamericana de Desarrollo Humano, S. C.

Colima 422, D. F.
C.P 06700, México
Tel: (52 55) 52 11 03 03
Fax: (52 55) 52 56 55 24

www.rosaargentina.com.mx

www.aladeh.com.mx
www.dinamicamental.com.mx
www.metodosilva.com.mx